1 MONTH OF
FREE
READING

at

www.ForgottenBooks.com

By purchasing this book you are eligible for one month membership to ForgottenBooks.com, giving you unlimited access to our entire collection of over 1,000,000 titles via our web site and mobile apps.

To claim your free month visit:

www.forgottenbooks.com/free1314216

ISBN 978-0-428-83473-9
PIBN 11314216

LETTRE

A L'ABBÉ JABINEAU.

M_ONSIEUR_;

O_N_ vient de publier contre l'apologie que j'ai faite des décrets de l'assemblée, une lettre anonyme, qui a pour tittre : *le fanatisme de l'ignorance, confondu.* On m'a assuré que vous en étiez l'auteur ; mais, quelques fortes que soient les raisons dont on s'est servi pour me le prouver, je n'ai jamais voulu le croire, et je ne le croirai jamais, par l'intérêt que je prends à votre honneur et à votre réputation.

A

Voici donc quelle est ma manière de penser sur une pareille accusation ; je la regarde comme un de ces bruits populaires qui n'ont aucun fondement, et qui ne peuvent être répandus que par des méchans et des ennemis, qui veulent vous déshonorer, et vous avilir dans l'esprit du public.

Et en effet, n'est-ce pas vous déshonorer que de vous attribuer un ouvrage où la bonne foi et la vérité ne sont comptées pour rien : où les préjugés les plus absurdes sont érigés en principes incontestables : où les injures les plus grossières et les fanfaronades les plus ridicules tiennent lieu de preuves et de raisons : où toutes les fois qu'on parle de l'histoire, des conciles, et des pères de l'église, c'est pour les tronquer, les altérer et les travestir : où enfin l'on ne trouve que d'insipides déclamations de collège, des idées incohérentes des raisonnemens sans jutesse, un ton d'enthousiaste et d'énergumène, un style pédantesque digne des Béda et des Garasse ?

Voilà, Monsieur, l'idée que je me suis formée de l'ouvrage qu'on vous attribue, et je puis vous assurer que je ne suis pas le seul qui pense ainsi. Or, si cette idée est juste et exacte, vous m'avouerez que c'est vous outrager, de la manière la plus cruelle, que de vous regarder comme l'auteur d'une pareille production; j'ai donc lieu de croire que vous ne serez pas long-temps sans la désavouer, et que vous me saurez quelque gré de n'avoir pas voulu croire que vous soyez capable d'avoir fait au public un si mauvais présent. Il ne me reste plus qu'à justifier ma manière de penser sur cette lettre anonyme.

L'auteur m'attaque sur trois articles : 1º. sur les traits d'histoire que j'ai cités; 2º. sur les principes de la juridiction ecclésiastique que j'ai établis; 3º. sur les droits que j'ai attribués au peuple dans les élections. Tel est le plan que cet auteur suit dans sa critique; et ce sera aussi celui que je suivrai dans ma défense : après quoi, le public éclairé et impartial prononcera et jugera quel est celui à qui peuvent convenir les belles qualités qui décorent le titre de l'ouvrage que je vais réfuter. Commençons par les traits d'histoire.

1º. L'anonyme soutient que je me suis trompé lorsque j'ai dit que l'empereur Valens ne divisa la Cappadoce que pour mortifier St. Bazile, p. 21.

Non, Monsieur le censeur, je ne me suis point trompé sur ce fait : j'en ai pour garant des écrivains qui sont faits pour rectifier vos idées et vous donner des leçons d'histoire.

Consultons d'abord le célèbre Marca. Il nous reste, dit-il, à examiner si la dignité des églises dépend tellement du prince, que lorsqu'il vient à ériger une métropole dans l'ordre civil, il en résulte aussi une dans l'ordre ecclésiastique : on pourroit prouver ce droit du prince par un grand nombre d'exemples, mais je me bornerai à en rapporter ici un seul :

C'est celui de Valens, lorsque *par haine pour saint Bazile*, il divisa la Cappadoce en deux parties : division qui rendit Tyanes métropole de la seconde Cappadoce, et Antyme, évêque de cette ville, métropolitain ecclésiastique. *Cappadocia in duas provincias secta est à valente imperatore, in odium Bazilii.* p. 3o, de.. concord.

J'ai pour garant du même fait, le savant Basnage, qui, dans son histoire ecclésiastique, s'exprime ainsi :

« L'empereur Valens, *étant chagrin contre saint Bazile*, divisa la Cappadoce en deux provinces ; des-lors, Antyme qui étoit évêque de Tyanes, prit la qualité de métropolitain, t. 1, p. 35. »

J'ai pour garant du même fait, M. Dupin ; ce fut, dit-il, *par un motif de haine* contre

saint Bazile, que Valens divisa la Cappadoce
en deux parties. *Valens inodium Bazilii* etc.
de antiq. p. 19, etc.

Qu'en dites-vous, mon cher anonyme ; en
est-ce assez pour justifier l'assertion que vous
m'avez contestée si gauchement et si mal-à-
propos ? Direz-vous encore que j'ai eu tort de
soutenir que dans la circonstance dont il s'agit
ici, Valens n'eût d'autre dessein que de molester saint Bazile ?

2ᵉ. Il plait à mon censeur de décider que
Valens, en divisant la Cappadoce, ne pensa
point à établir une nouvelle métropole dans
cette province, p. 20.

Votre logique et votre érudition sont encore
ici en défaut, monsieur le docteur ; rien de
plus facile que de vous démontrer que l'empereur, en divisant la Cappadoce, avoit pour
principal objet, l'érection d'une nouvelle métropole ecclésiastique ; et en effet, quel étoit
le principal motif de l'empereur en divisant
cette province ? N'étoit-ce pas de molester
saint Bazile et de lui faire de la peine, comme
je viens de le prouver ? mais comment Valens
auroit-il pu, par cette opération, faire de la
peine à ce saint évêque, et nuire à ses intérêts, si ce n'est en autorisant Antyme à ériger

son évêché en métropole, et en soustrayant à la juridiction de l'évêque de Césarée la moitié de la Cappadoce ? Cherchez tant qu'il vous plaira ; vous ne trouverez point d'autre moyen raisonnable et satisfaisant pour expliquer la haine de Valens contre saint Bazile, dans cette occasion.

3°. Mon adversaire prétend que ce fut Podande, et non pas Tyanes, qui fut d'abord érigée en métropole de la Cappadoce. 1°. Quand cela seroit vrai, s'ensuivroit-il que saint Bazile n'eût pas perdu la moitié de son territoire par la division de cette province ? 2° Mon adversaire fait ici un *qui-proquo* qui pourra amuser et faire rire le lecteur ; et voici en quoi consiste ce quiproquo : c'est que Podande qui n'étoit qu'un marais, un lieu désert et inhabité, se métamorphose tout-à-coup, sous la plume de mon savant adversaire, en une ville riche, puissante et très-distinguée ; quelles obligations la géographie et l'histoire n'auront-elles pas dans la suite à mon anonyme !

Jusqu'à présent, les géohraphes et les historiens ont cru qu'il n'y a jamais eu en Cappadoce aucune ville qui ait porté ce nom. Tillemont. p. 175, t. 9, désormais, graces à mon

censeur , il faudra corriger nos cartes ; et mettre
Podande au rang des anciennes métropoles et
capitales.

Jusqu'à présent , les savans se sont accordés
à dire que l'endroit de la Cappadoce , qui por-
toit le nom de Podande , n'étoit qu'un marais ,
un lieu mal-sain et inhabité ; mais où étoit-
il situé ? c'est ce qu'on n'a pu savoir encore.
Les uns disent qu'il étoit dans le voisinage de
Tyanes , et qu'il faisoit même partie de cette
ville. D'autres conjecturent qu'il en étoit éloi-
gné. Il étoit réservé à nôtre anonyme de résoudre ce problême avec sa sagacité ordinaire.
Il est vrai qu'il ne donne aucune raison de
son sentiment ; mais cela est - il nécessaire ?
n'a-t-il pas assez d'autorité pour être cru sur sa
parole ?

4°. Il n'est pas vrai , dit mon adversaire , que
saint Bazile se soit soumis à la volonté de Valens , et qu'il ait reconnu Antyme pour métropolitain. p. 22 , et moi je soutiens qu'il n'y
a rien dc si vrai : je soutiens que ce fait est
démontré par les autorités même que mon adversaire m'oppose.

Il m'oppose , par exemple , M. de Tillemont,
et il se trouve que M. de Tillemont est de
mon sentiment. Ouvrez en effet le tome 9, p.

182 , et vous y lirez, qu'il est probable que *saint Bazile reconnut Tyanes pour métropolitain.* Vous y lirez , qu'il donna à Antyme les marques le plus touchantes de son amitié , en lui protestant qu'il ne vouloit plus être avec lui qu'un cœur et qu'une âme. .... Vous y lirez , qu'il écrivit au sénat de Tyanes , une lettre qui ne respire que l'amour et la paix , que des sentimens de douceur et de politesse : lettre que l'anonyme devroit lire et méditer quelquefois pour conserver et augmenter, s'il est possible , ce ton modeste et poli qu'il fait paroître , non-seulement dons les écrits dont il enrichit le public , mais encore dans toutes les sociétés qui ont le bonheur de la posséder.

5o. Il n'est pas vrai , dit mon censeur , que saint Grégoire ait reconnut Antyme pour métropolitain ; au contraire , il s'y opposa toujours , p. 23.

Si je vous respectois moins , Monsieur l'anonyme, je vous dirois qu'il y a beaucoup d'ignorance ou de mauvaise foi dane ce que vous venez de dire. En voici la preuve la la plus complette :

J'avoue que saint Grégoire de Nazianze ne reconnût pas d'abord Antyme pour métropolitain , et qu'il soutint pendant quelque temps

les intérêts de saint Bazile ; mais enfin il est
certain qu'ennuyé de cette dispute , il fit tous
ses efforts pour la terminer , et rétablir la paix
entre les deux métropolitains. Ce fut Antyme
lui-même , qui le pria d'interposer sa média-
tion dans cette affaire , et d'écrire à saint Bazile , pour lui proposer un accommodement.
saint Grégoire le fit volontiers ; il adressa plusieurs lettres à l'évêque de Césarée, qui d'abord
n'en fut pas content , parce qu'il lui paroissoit
que saint Grégoire épousoit avec trop de cha-
leur les intérêts de son rival. Vous trouverez là
preuve de tout ce que je viens de dire dans
M. Tillemont , t. 9 , p. 181.

Il est donc vrai que saint Grégoire de Nazianze ne fût pas toujours opposé à Antyme,
puisqu'il écrivit pour lui et qu'il plaida sa cause
auprès de saint Bazile , qui après quelques difficultés , finit par se rendre et par entendre
raison , comme je l'ai fait voir dans l'article
précédent.

Cela posé , je demande ici à mon adversaire : pourq oi la lettre 88ème où saint Grégoire se démet de son évêché , ne seroit-elle
pas adressée à l'évêque de Tyanes , soit à Antyme lui-même , soit à son successeur ? c'est
le sentiment de Basnage , dans l'endroit que

j'ai cité ci-dessus ; c'est aussi le sentiment du
savant interprète qui nous a donné la traduction latine de saint Grégoire , puisqu'il a in-
titulé cette lettre : *episcopo Tyanæo.* Cette
opinion est certainement plus probable et plus
satisfaisante que tout le fatras que mon critique a débité sur cet article. En effet , il
est certain que saint Grégoire se démit de son
évêché de Sasymes ; il est encore certain qu'il
ne pût se démettre sans écrire à son métropolitain : or , quel étoit alors le métropolitain de
Sasymes et de la seconde Cappadoce ? c'étoit
l'évêque de Tyanes , comme nous venons de
le prouver. Jamais cette ville , depuis la division de la Cappadoce en deux provinces ,
par Valens , ne cessa d'être comptée au nombre des métropoles ecclésiastiques. Mon adversaire paroît en douter ; mais s'il veut sin-
cèrement dissiper ses doutes , qu'il consulte la
notice des anciennes métropoles , par Emma-
nuel Schelstrate. Concil. Ant. p. 452.

Qu'il consulte encore l'excellent abrégé de
géographie ecclésiastique , qui se trouve dans
le premier volume des conciles du Père Labbe,
page 31.

Qu'il consulte le tome 4ème. page 79 , et le
5ème. page 719 : il verra que l'évêque de Tyanes

y est toujours désigné comme métropolitain de la seconde Cappadoce.

Qu'il consulte enfin le grand dictionnaire de la Martinière : art. *Tyanes*.

Il est donc vrai que saint Bazile et saint Grégoire de Nazianze, après avoir contesté pendant quelque temps avec Antyme, qui n'étoit métropolitain qu'en conséquence de la puissance civile, ont fini par le reconnoître pour tel, et par se réconcilier avec lui.

Il est encore vrai, qu'en se comportant de la sorte, ces deux grands évêques ont mérité les éloges de la postérité, et que jamais leur conduite dans cette circonstance, n'a été improuvée ni blâmée.

Pourquoi donc nos évêques ne suivent-ils pas un si bel exemple ? Ils conviennent qu'il ne manque à la constitution civile du clergé pour être bonne, que leur consentement ; elle n'est donc pas vicieuse essentiellement et par sa nature. Car quelques soient les prétentions des évêques je ne crois pas qu'elles aillent jusqu'au point de soutenir, que leur assentiment ait la force et la vertu de légitimer ce qui seroit mauvais par soi-même ; mais si les décrets de l'assemblée ne sont pas mauvais intrinsèquement, il ne leur manque donc qu'une simple forma-

lité, qu'une perfection extrinsèque, c'est-à-
dire, le consentement des évêques ; et pourquoi donc ne le donnent-ils pas ce consentement, puisqu'en le donnant, ils établiroient la
paix dans le royaume, et qu'ils nous garanti-
roient des plus grandes calamités qui puissent
affliger une nation ; c'est-à-dire, le schisme et
les guerres civiles qui sont ordinairement les
suites déplorables des guerres de religion ? est-ce
qu'un pareil motif pourroit ne pas faire impression sur des prêtres sur des évêques qui se regardent comme les pasteurs du peuple et les ministres d'un Dieu de paix : *Deus pacis ?*

60. On vient de voir avec quelle sagacité et
quelle érudition mon censeur s'est tiré de l'affaire et de la dispute de saint Bazile avec Antyme.

Suivons-le maintenant, dans la grande et
importante question du concile de Calcédoine,
et nous verrons qu'il ne dégénère point et
qu'il est toujours le même. Il commence cette
discussion par un tour d'adresse, que d'autres appelleront peut-être un tour de mauvaise foi et une friponnerie théologique. C'est
qu'il ne cite que le douzième canon de Calcédoine , parce qu'il croit y trouver l'appui de
son système : mais il ne dit pas un seul mot

du dix-septième , quoiqu'il n'ignore pas que ce canon est la base qui établit invinciblement le droit de la puissance civile dans la circonscription des diocèses et des métropoles.

Nous nous donnerons bien de garde d'imiter un pareil exemple , qui n'est qu'une ruse et une charlatanerie d'écolier et de sophiste, quand ils disputent et qu'ils veulent se tirer d'embarras. Laissons à l'anonyme la gloire de figurer et de primer parmi des gens de cette espèce.

L'unique objet de nos recherches dans la matière présente , n'a j'amais été que la connoissance de la vérité ; et comme dans toutes les questions on ne peut la connoître qu'en balançant soigneusement les preuves avec les objections , et qu'en considérant les objets sous tous les rapports : nous avons pensé que, pour bien connoître la doctrine du concile de Calcédoine, et être autorisés à la citer comme preuve, il falloit commencer par bien en comprendre le sens , par examiner attentivement les questions qui ont été discutées dans cette assemblée, et ne pas se borner à les considérer légèrement et de profil , à l'exemple de notre anonyme.

Voilà le principe qui va nous conduire et

nous diriger dans l'examen des canons de Calcédoine, qui sont relatifs à la question présente.

Toute la doctrine de ce concile, sur l'objet
qui nous cocupe, est renfermée dans deux canons, le 12 et le 17.

Commençons par citer et expliquer le premier; le voici selon la traduction de Denis le
Petit. Concil. Labbe, tom. 4, p. 776.

*Pervenit ad nos quod quidam, præter eccle-
siastica statuta facientes, convolarunt ad po-
testates : et per pragmaticam sacram, in duo,
unam provinciam diviserunt, ita ut ex hoc
pacto, duo metropolitani esse videantur in
una provincia ; statuit ergo sancta synodus,
de reliquo, nihil ab episcopis tale tentari, etc*
c'est-à-dire :

Nous avons appris (disent les PP. du concile) que certains évêques, au mépris des canons, se sont adressés aux princes ; qu'après
en avoir obtenu des pragmatiques, ils ont éri-
gé leurs provinces en métropoles, de manière
qu'il s'est trouvé deux métropolitains dans une
seule et même province. Le saint concile. dé-
fend aux évêques de rien faire de semblable
dans la suite, etc.

Il ne s'agit plus actuellement que de bien fixer le sens de ce Canon.

Si l'on s'en rapporte à mon adversaire, et à tous les écrivains du clergé, le concile proscrit et condamne toutes les nouvelles métropoles ecclésiastiques, même celles qui seroient érigées par les princes, en conséquence des nouvelles capitales qu'ils établiroient dans leurs états, et des changemens qu'ils pourroient faire dans l'ordre et la distribution de leurs provinces. Or, je soutiens qu'une pareille interprétation est fausse et diamétralement opposée à l'espsit du concile : et pourquoi ? parce que, pour peu qu'on lise attentivement le canon qu'on vient de citer, on y voit clairement que le concile se borne à condamner les évêques, qui par ambition et par intrigue, obtenoient des rescrits de la cour, pour faire ériger leurs siéges en métropoles ecclésiastiques sans qu'elles devinssent réellement métropoles civiles, sans qu'il se fit le moindre changement dans l'ordre et la division politique des provinces. *Convolarunt ad principes, et per pragmaticam, in duo, unam provinciam diviserunt, ita ut duo metropalitani videantur in unâ provinciá.*

Ces parolesfont voir clairement que le partage et la division de la province, où s'élevoient

ces nouvelles métropoles que le concile condamne, ne se faisoient point dans l'ordre civil, puisque cette province étoit toujours *une*,
toujours dans le même état : *in unâ provin-
ciâ*. Le partage et la division n'avoient donc
lieu que dans l'ordre ecclésiastique ; elles n'é-
toient donc que l'ouvrage de l'intrigue et de
l'ambition des évêques.

Ce canon, comme tout le monde sait, fût
dressé et publié à l'occasion de l'affaire d'Eustate, évêque de Béryte, en Phénicie, qui
avoit fait ériger, par un rescrit impérial, son
église en métropole ; mais comme cette province n'avoit point été divisée et qu'elle étoit
toujours la même dans l'ordre civil, il fut démontré que cette érection n'avoit pour but
que de satisfaire la vanité et l'ambition de
l'évêque de Béryte.

Comme cet évêque n'étoit pas le seul qui
fut coupable, et entaché d'un pareil défaut,
comme il arrivoit souvent qu'il se formoit de
nouvelles métropoles, qui, sans produire aucun
bien à l'état, occasionnoient beaucoup de désordres dans la police et la discipline éclésias-
tique, le concile supplie l'empereur et ses commissaires, de ne plus autoriser de pareils éta-
blissemens, par des rescrits qui n'avoient pour
but

but que de favoriser les évêques intrigans et ambitieux.

Nous vous prions, disent les pères du concile, que les canons soient observés dans toutes les provinces, et qu'on cesse de donner ces rescrits et ces pragmatiques, qu'on n'accorde *qu'à l'intrigue* et *a l'ambition*, pour renverser un ordre établi sagement et selon l'esprit de Dieu. *Cessantibus omnibus pragmaticis, quæ ex concursatione et ambitione fiunt.* Ibid. p. 549.

Cette explication, comme l'on voit, n'est point forcée, elle est simple et naturelle; elle est entièrement relative au texte du canon et aux circonstances dans lesquelles il a été publié; au lieu que l'interprétation de mon anonyme et de ses semblables, est fausse, et dictée par l'ignorance ou la mauvaise foi, puisqu'ils supposent que le concile a prohibé et défendu l'érection de toutes sortes de métropoles, même de celles qui se font pour l'utilité publique; tandis qu'on ne condamne que celles qui avoient pour principes, l'intrigue et les menées épiscopales. *Cessantibus pragmaticis, quæ ex concursatione et ambitione fiunt.*

Mon adversaire a donc tort de réclamer en sa faveur, le canon dont je viens de parler; puisqu'il n'y est point du tout question de la

B

matière que nous agitons actuellement, c'est-
à-dire, des métropoles érigées par la puissance
civile, lorsque le bien public l'exige et qu'il se
fait un grand changement, une nouvelle division dans les provinces de l'empire.

Bien loin de contester ce droit, les Pères du
concile le reconnoissent de la manière la plus
formelle, dans le fameux canon 17 que vous
avez adroitement, ou plutôt méchament, passé
sous silence, mon cher censeur, mais que nous ne
cesserons de vous rappeler et de vous oppo-
ser comme un argument et une preuve sans
réplique.

Il faut distinguer deux parties dans ce canon ; la première, décide que les paroisses des
campagnes de chaque diocèse doivent appartenir aux évêques qui les gouvernent paisiblement depuis 30 ans. On ajoute que si aucun
des contendans n'a en sa faveur une possession
paisible et trentenaire, celui qui se trouvera
lézé, portera sa plainte, ou au concile de la
province, ou au primat, ou au siège de Cons-
tantinople.

Tel est le sens de la première partie du dix-
septième canon, où l'on voit que le concile
établit des règles très-sages pour prévenir ou terminer les disputes qui pourroient s'élever de

tems-en-tems entre les évêques, sur l'étendue respective de leurs paroisses, c'est-à-dire, de leurs diocèses ; car il est bon d'observer que dans l'antiquité ces deux mots étoient souvent synonimes.

Après avoir établi cette règle, qu'on doit suivre dans le cas de doute et de disputes, concernant la possession de telle ou telle paroisse de campagne, le concile va plus loin ; il fixe encore la manière de terminer les disputes qui pourroient s'élever entre les évêques à l'occasion des changemens que le prince trouveroit à propos de faire dans l'ordre des provinces et des villes, dans le cas, par exemple, où il lui plairoit détablir une nouvelle métropole, une nouvelle capitale dans l'ordre civil.

Alors, dit le concile, l'ordre des paroisses éclésiastiques (c'est-à-dire des diocèses) suivra l'ordre civil et public.

Si qua vero civitas, potestate imperiali innovata est, aut si protinus innovetur, civiles dispositiones et publicas ecclesiasticarum quoque parochiarum ordines subsequantur.

Il est donc clair que le véritable sens du concile, dans ce fameux canon, est que le prince a droit d'exiger que l'église conforme son organisation à celle de l'état, et que l'ordre des

B 3

provinces ecclésiastiques, change avec celui des provinces civiles.

J'ai prouvé, dans mes notes qui se trouvent dans la deuxième édition de l'Apologie des décrets que cette explication est celle de Dupin, de Launoi et de M. Talon. Ajoutons que c'est aussi l'explication du célèbre Van-Espen.

Lorsqu'un prince, dit-il, jugeoit à propos de diviser une province, et d'y établir deux gouverneurs, alors il y avoit aussi deux métropoles ecclésiastiques.

Divisa per principem provincia, quomodo duos præsides seu civiles rectores, ita duos accipiebat episcopos metropolitas. T. 3 p. 228.

Avant de terminer cet article, n'oublions pas de répondre à une grande difficulté que me fait mon adversaire, pour avoir dit que, dans l'affaire qui concernoit la nouvelle métropole de Béryte, les commissaires de l'empereur étoient juges. Il soutient le contraire ; examinons donc qui de nous deux a raison ou tort. Il me dit d'ouvrir le concile : je l'ouvre, et voici ce que j'y trouve. J'y trouve que les commissaires de l'empereur sont les seuls qui interrogent non-seulement les deux évêques contendans, Eustate et Phothius, mais encore tous ceux qui formoient cette assemblée. J'y trouve que toutes les fois que les évêques s'adressent aux commissaires, ils leurs parlent toujours comme avec le plus grand respect, ne cessant de les appeller : très-glorieux, très-magnifiques juges, *magnificentissimi et gloriosissimi judices.* J'y trouve que les évêques ne font réellement dans cette affaire que le rôle d'avocats qui plaident contre Eustate, qu'ils n'aimoient point, en faveur de Photius, qui leur étoit plus agréable. J'y trouve enfin que la sentence et le jugement n'ont été prononcés que par les seuls commissaires de l'empereur, qui, ayant suivi les avis du concile en furent payés par les plus grands cris de joie et les plus vifs applaudissemens. *Sancta synodus acclamavit... Multos annos judicum hoc justum judicium justi juste judicarunt,* p. 552.

Mon cher censeur, pourriez-vous encore dire, dans la suite, avec quelque pudeur, que je me suis trompé en disant, que les commissaires de l'empereur remplirent les fonctions de juges, lorsque dans le concile de Calcédoine on examina l'affaire de Photius et de Eustate? Il paroît que vous avez du goût pour les écrits de M. de Marca. Eh bien! vous y trouverez la même assertion que vous improuvez dans mon Apologie. Ecoutez-donc, mon tendre ami; voici ce qu'il dit:

Il faut remarquer avec soin que le concile ne
s'arroge point le droit d'annuller la loi qui avoit
été donnée par Théodose en faveur de l'évêque
de Béryte ; ce fut le prince lui-même (Marcien)
qui l'abrogea, en déclarant que son intention
n'étoit point que les affaires épiscopales, dont
il s'agissoit alors, fussent réglées par les loix
impériales, mais par les canons. *Quam senten-
tiam synodus non prompsit, sedamplexa est.
Itaque arbitrium revocatæ legis, penès principem, integrum mausit.* Concord. p. 132.

7°. Mon adversaire sera-t-il plus heureux et
plus habile dans la discussion qu'il entreprend
sur le fait de Justinien ? Le lecteur judicieux
va en juger.

J'ai soutenu, et je soutiens encore, que Justinien érigea de lui-même, et de sa propre autorité, en ville épiscopale et métropolitaine,
la bourgade où il avoit pris naissance, et qu'il
forma cette nouvelle métropole au détriment
de l'évêque de Thessalonique : voici en effet
comment cet empereur s'exprime dans sa novelle 131, chap. 3.

« Nous ordonnons, dit-il, que l'archevêque de
la première Justiniane, notre patrie, exerce
toujours sa jurisdiction sur les évêques de la
Dacie...., de la Dardanie, de la Mysie supé-

rieure et de la Pannonie. Nous statuons que les évêques de ces provinces, soient ordonnés par lui seul, et que lui-même le soit par son propre concile, et qu'il tienne la place du siège apostolique de Rome dans toutes les provinces qui lui sont soumises ; c'est ainsi que l'a décidé le très-saint pape Vigile.

Præsentem proferimus legem : sancimus igitur beatissimum primæ justinianæ nostræ patriæ archiepiscopum, habere semper subsuâ jurisdictione, episcopos provinciarum Daciæ.... Dardaniæ ect., et ab eo hos ordinari; ipsum verò à proprio ordinari concilio, et in subjectis sibi provinciis, obtinere eum, sedis apostolicæ Romæ locum, secundùm ea quæ definita sunt à sanctissimo papâ Vigilio ».

Voilà une loi qui crée un nouvel évêché ; qui établit une nouvelle métropole sur les débris d'une ancienne, et qui, par conséquent opère une nouvelle circonscription dans les provinces ecclésiastiques. Or, par qui cette loi est-elle donnée et publiée ? Est-ce par le pape Est-ce par un concile ? non ; c'est l'empereur qui la donne lui-même, et en son seul nom *Legem proferimus; sancimus,* ect.

Mais, dira-t-on, est-ce que l'empereur ne déclare pas formellement que le pape agrée et approuve toutes les opérations dont il est fait mention dans cette loi ? *secundum ea quæ definita sunt à papa Vigilio.*

Avant que de répondre à cette difficulté qui fait impression sur beaucoup desprits superficiels et peu instruits , qu'on me permette de faire ici une observation bien importante : c'est que , selon toutes les règles de la critique , on ne peut bien expliquer les loix anciennes , dont le style est ordinairement très-laconique , que conformément aux coutumes, aux mœurs et aux usages qui étoient généralement reçus , lorsque ces loix ont été publiées et sanctionnées.

Ainsi , toute interprétation , tout commentaire qui attribueroit à une loi l'établissement d'une pratique, d'un usage et d'une police qu'on sait , à n'en pouvoir douter, n'avoir commencé que long-tems après la promulgation de cette loi, seroit certainement une interprétation inadmissible et un commentaire ridicule.

Or , telle est l'explication que mon censeur, soi-disant jurisconsulte, vient de nous donner de la novelle de Justinien.

Il nous dit , savamment, que Justinien n'a

établit à Justiniane un évêché et une métropole, qu'après avoir obtenu l'agrément du pape Vigile. Mais, comment l'empereur auroit-il consulté le pape sur ces objets, puisqu'il est constant que les papes n'ont commencé à intervenir et à concourrir dans l'érection des évêchés et des métropoles, que long-temps après Justinien?

L'autorité des conciles provinciaux suffisoit, dit Fleuri, suivant l'ancien droit, pour l'érection des évêchés et des métropoles; mais depuis que les fausses décrétales ont été reçues, on n'en érigea plus sans l'autorité du pape. Instit. au droit, can. t. 1, p. 141.

Mais, dans quel temps ont paru ces sortes de décrétales qu'on attribue communément à Isidore Mercator? Ce n'est que vers le neuvième siècle; par conséquent on ne peut pas supposer que le pape Vigile, qui vivoit, comme Justinien, dans le sixième, ait pû concourir avec cet empereur dans l'érection d'un nouvel évêché et d'une nouvelle métropole.

C'est à-peu-près, comme si quelqu'un s'avisoit de dire que tous les évêques ne prenoient possession de leurs diocèses, pendant les dix premiers siècles de l'église, qu'après avoir obtenu des bulles du pape, quoiqu'il soit certain que cet usage n'a commencé que vers le douze et le treizième siècles.

Mais si le consentement du pape, que Justinien avoit demandé, ne regarde, ni l'évêché, ni la métropole que cet empereur venoit d'établir, àquel objet faudra-t-il donc le rappoter, et comment faudra-t-il l'expliquer et l'entendre ?

Rien de plus facile ; Justinien, quiaimoit sa patrie, et l'évêque qu'il venoit d'y établir, ne se contenta pas de lui donner un territoire très-vaste et une métropole très-étendue. Il voulut encore qu'il exerçat dans toutes ces provinces les fonctions de patriarche : et comme les papes étoient en possession de cette dignité dans toutes les provinces qui étoient soumises à cette nouvelle métropole , Justinien écrivit à Vigile , pour le prier de donner au métropolitain de Justiniane, tous les droits qui appartenoient à l'évêque de Rome ; comme patriarche, dans ses provinces. *In subjectis sibi provinciis, obtinere eum, sedis apostolicæ Romæ locum, secundùm ea quæ definita sunt à SS. papa vigilio.*

Voilà la seule chose que le pape avoit droit d'accorder dans cette circonstance ; et , par conséquent , c'est la seule chose que Justinien ait pû lui demander. Tout le monde sait que

cet empereur étoit trop éclairé, et trop jaloux
de ses droits, pour étendre l'autorité du pape
au delà de ses justes bornes, et lui demander
son consentement dans une affaire où il n'en
avoit pas besoin : dans une affaire qui n'étoit
point alors de la compétence du saint-Siége; car
on ne peut trop le répéter; le consentement
du pape, dans les érections des évêchés et des
métropoles, n'étoit point nécessaire dans les
beaux jours de l'église; on ne l'a exigé que depuis les siècles d'ignorance et de superstition.
Ce prétendu droit n'est donc qu'une usurpation et un effet de cette ambition effrénée
de la cour romaine, qui a toujours fait les
plus grands efforts pour étendre son autorité,
pour augmenter sa puissance, et pour gouverner avec un sceptre de fer et le plus dur des-
potisme, les prêtres, les évêques, les rois,
toutes les nations.

Voilà l'explication que je crois devoir donner
de la novelle de Justinien; je crois que c'est
la seule qui soit admissible, parce que c'est la
seule qui puisse se concilier avec la discipline
qui étoit généralement reçue du temps de
Justinien. -

Il paroît que Fleuri étoit du même sentiment que je viens d'exposer, puisqu'en

parlant de la lettre de l'empereur au pape ,
sur l'objet dont il s'agit ici , il se borne à dire
que Justinien écrivit à Rome pour demander
au pape de *faire son vicaire dans l'Illyrie* ;
l'évêque de Justiniane. Tom. 7 p. 374. Enfin ,
comme le remarque le savant Blondel , cette
lettre de l'empereur est de l'anné 540 , c'est-
à-dire , cinq ans après que Jestiniane étoit
érigée en métropole , puisque cette érection se
fit en 535 ; nouvelle preuve que l'empereur ne
croyoit point avoir besoin du consentement et
de la permission du pape pour créer de nou-
veaux évêques et de nouvelles métropoles.

Mais , dites-vous , Justinien en établissant une
métropole dans l'Illyrie, ne fit qu'y rétablir une
dignité qui avoit été détruite, et réunie à l'église
de Thessalonique, du temps d'Attilla. J'en con-
viens, puisque c'est Justinien lui-même qui le
dit ; mais si vous étiez un homme de bonne
foi, vous n'auriez pas omis un article bien
essentiel qu'ajoute cet empereur : c'est que
Thessalonique ne devînt métropole de toute
l'Illyrie que parce que le gouverneur de cette
province établit sa résidence dans cette ville ;
*prœfectus de sirmitana civitate in Thessaloni-
cam profugus venerat.* Par conséquent cet endroit de Justinien, que vous citez comme un

argument qui vous est favorable, vous est réellement contraire, puisque l'empereur n'attribue
à Thessalonique le droit de métropole sur
l'Illyrie, que parce qu'il plût au gouverneur de
s'y fixer et d'y établir sa demeure. Ajoutez encore qu'en rétablissant la métropole de l'Illyrie,
Justinien ne la rétablit point à Sirmiun où elle
étoit auparavant, mais à Justiniane, nouvelle
ville qu'il venoit de bâtir. Donc toutes les circonstances qui concernent l'érection de Justiniane en ville épiscopale et métropolitaine, se
réunissent pour démontrer que c'est la puissance
civile qui a eu la principale influence dans cet
établissement.

Quel cas doit-on donc faire d'un pareil censeur lorsqu'il traite avec le dernier mépris les
auteurs grecs, et principalement Balzamon, cet
écrivain si estimé, parce qu'ils soutiennent que
c'est de la puissance civile que dépend la discipline ecclésiastique, dont il s'agit ici. Il prétend que c'est par la plus basse flaterie que ces
écrivains ont adopté un pareil système. Qu'on
juge d'après les autorités que je viens de citer,
ce qu'il faut penser d'une pareille inculpation.

Mon critique fait encore sur l'article de Justinien, un raisonnement de la plus grande justesse et de la plus grande force, qui mérite

d'être rapporté : le voici. p. 32. « Cet empereur,
dit il , n'a pas cru avoir le droit d'ériger par
lui-même et par sa seule autorité, des métropoles ecclésiastiques , parce que lorsqu'il fit une
nouvelle division des provinces de Pont et d'Arménie , il défendit que cette division appor-
tât aucun changement dans l'ordre ecclésiastique. »

J'en suis bien fâché pour vous, mon cher
Anonyme; voilà un raisonnement qui pourra
faire rire plus d'un lecteur à vos dépends. Car
enfin quand on l'apprécie bien , ce beau raisonnement, on trouve qu'en le faifant vous avez
entièrement oublié les premières règles de la
logique , c'est-à-dire, celles du bon sens. Et
en effet, n'est-il pas contraire aux premières
règles de la logique et du bon sens, de conclure qu'un empereur n'a pas le droit de faire
une chose, parce qu'il ne juge pas à-propos
de la faire toujours. Voilà pourtant comme
vous raisonnez sur le fait de Justinien, puisque vous dites qu'en divisant le Pont et l'Arménie, il ne voulut point que les églises de
ces provinces éprouvassent le moindre changement dans leur circonscription ; donc, dites-
vous, il n'avoit pas le droit de faire ce changement.

Mais, monsieur le docteur, je vous le demande encore une fois ; de ce qu'on ne veut pas toujours faire une chose, s'ensuit-il qu'on n'ait jamais le droit de la faire ? De ce que Justinien, par exemple, en divisant l'Arménie et le Pont, n'a pas voulu que les églises de ces provinces éprouvassent la moindre division et le moindre changement, s'ensuit-il, comme vous le dites, que cet empereur ne pouvoit pas l'ordonner ? Comment voulez-vous ne pas voir que s'il n'avoit pas été alors d'usage que les nouvelles divisions de provinces dans l'ordre civil, en produisissent aussi dans l'ordre ecclésiastique ; il étoit très-inutile que l'empereur fît la défense de rien innover dans les diocèses de Pont et d'Arménie. Cette défense ne peut donc être considérée que comme une exception à la règle et à l'usage qui étoit alors en vigueur.

En vérité, mon cher Anonyme, il n'y a qu'un seul moyen de sauver ici votre honneur, et d'excuser le mauvais raisonnement qui vient de vous échapper ; c'est de dire que lorsque vous l'avez fait, vous étiez grièvement malade, que votre esprit étoit dans un état de convulsion, et que vous aviez dans la tête un violent accès de fièvre. Croyez-moi ; quand vous serez dans un pareil état, au lieu de vous mêler d'écrire et de critiquer, restez tranquille dans votre lit; buvez de l'eau, faites vous saigner; c'est le seul moyen de tempérer l'ardeur de votre sang et de rétablir votre tête détraquée.

Voilà avec quel succès et quelle sagacité mon censeur s'est tiré des points d'histoire qui servent de base et d'appui au sujet important qui fait l'objet de cette discussion. Examinons maintenant s'il sera plus habile et plus heureux dans ce qu'il va nous dire sur la jurisdiction ecclésiastique.

1°. Avant de commencer l'examen de cet article, et de relever les différentes bévues de mon censeur, je crois qu'il est à propos d'établir le véritable état de la question, que mon adversaire ne fait qu'embrouiller et présenter d'une manière très-confuse.

Le véritable état de la question est de savoir si l'assemblée nationale, dans ses différens décrets sur l'organisation du clergé, a usurpé un pouvoir qui lui soit étranger; c'est-à-dire, si elle s'est attribuée ce qu'on appelle proprement jurisdiction ecclésiastique.

Pour bien résoudre cette question, il ne s'agit plus que de savoir en quoi consiste cette jurisdiction. Mon critique me renvoie ici à M.

de

de Fleuri, instit. au droit can., t. 2, p. 1. Consultons donc ce sage écrivain, et apprenons de lui à définir l'objet dont il s'agit actuellement.

La jurisdiction propre et essentielle à l'église, dit cet auteur, est toute spirituelle, fondée sur les grands pouvoirs que J. C. donna à ses apôtres, lorsqu'il leur dit : toute puissance m'a été donnée au ciel et en la terre ; allez donc, et instruisez toutes les nations et les baptisez ; leur enseignant d'observer tout ce que je vous ai ordonné.... Voilà le pouvoir d'enseigner les mys-tères et la doctrine des mœurs. Il leur donne encore le pouvoir de juger les pécheurs quand il leur dit : recevez le Saint-Esprit ; ceux dont vous remettrez les péchés, il leur seront remis ; et ceux dont vous les retiendrez, ils leur seront retenus........... Voilà la puissance qui est essentielle à l'église... qu'il faut bien distinguer de celle qui lui est étrangère. L'église a par elle-même le droit de décider toutes les questions de doctrine, soit sur la foi, soit sur les mœurs ; elle a le droit d'établir des canons ou règles de discipline pour *sa conduite intérieure*, d'en dispenser en quelques occasions particulières, et de les abroger quand le bien de la religion le demande. Elle a le droit d'établir des pasteurs et des ministres pour con-

C

tinuer l'œuvre de Dieu, jusqu'à la fin des siècles : et pour exercer toute cette juridiction, elle peut les destituer *s'il est nécessaire*. Elle a le droit de corriger tous ses enfans, en leur imposant des pénitences salutaires, soit pour les péchés secrets, etc.. Voilà les droits essentiels de l'église.

On trouve encore les mêmes principes dans les excellens discours du même, auteur sur l'histoire ecclésiastique, sur-tout dans le septième qu'on ne peut trop lire et méditer.

Telle est la doctrine de Fleuri sur la juridiction qui est véritablement essentielle à l'église ; or, je le demande à mon adversaire, quel est le décret de l'assemblée nationale qui soit véritab'ement contraire aux articles que Fleuri vient de détailler, et qu'il regarde comme appartenant essentiellement à la juridiction ecclésiastique ? Suivant Fleuri, l'église a le droit d'enseigner les dogmes et la morale ; mais quel est le décret de l'assemblée qui interdise aux évêques la prédication et le ministère de la parole ? Tous ses décrets ne tendent-ils pas au contraire à obliger les évêques de reprendre ce ministère si intéressant, dont ils s'étoient dispensés depuis plusieurs siècles ? Le décret, par exemple, qui porte que les évêques seront les premiers curés de leurs diocèses, n'est-il pas propre à rappeller l'heureux tems, où les

Ambroise et les Augustins faisoient à leurs troupeaux des instructions et des homélies si pleines d'onction, de sentiment et de lumières? Au lieu que presque tous nos prélats, qui devoient leur nomination à la cour et aux ministres de la feuillé, bornoient toute leur sollicitude pastorale, à nous donner chaque année un beau mandement, dont l'unique objet, l'unique résultat se réduisoit souvent, à nous permettre de manger des œufs et du beurre.

Suivant Fleuri, les évêques ont le droit de remettre les péchés et d'exercer le ministère de la réconciliation dans le tribunal de la pénitence. Mais quel est le décret de l'assemblée qui interdise aux ministres de la religion, quels qu'ils soient, cet auguste ministère ? Tout le monde sait que nos évêques ne se mêloient guères de ces sortes de fonctions, quelque utiles, quelque intéressantes qu'elles soient Ils auroient cru s'avilir en les exerçant eux-mêmes, puisqu'ils les abandonnoient aux curés, aux vicaires, et sur-tout aux moines mendians, qui, comme tout le monde sait, s'en acquittoient avec le plus grand succès.

Suivant Fleuri, l'église a le droit d'établir des règles de discipline pour sa *conduite intérieure*. Mais l'assemblée nationale a-t-elle donc

C 2

défendu aux évêques d'établir ces sortes de
règles qui concernent la conduite intérieure
de l'église, celles, par exemple, qui sont propres à bannir du sanctuaire, la simonie, l'avarice, l'ambition, la mollesse, l'indolence et tous
les autres vices ? Bien loin d'autoriser de pareils
scandales, les décrets de l'assemblée ne tendent
qu'à les détruire radicalement, et qu'à rendre,
par conséquent à la religion, toute sa pureté
primitive.

Qu'on les suive exactement ces décrets, et
l'on ne verra plus dans l'église, qu'un clergé
modeste et savant, des évêques sans morgue
et sans faste, des curés laborieux, qui, par
leurs vertus, seront le modèle de leurs troupeaux : des chrétiens aussi éloignés de l'intolé-
rance et du fanatisme que de l'incrédulité et
de l'irréligion,

Suivant Fleuri, l'église a droit d'établir des
pasteurs et des ministres pour perpétuer l'œuvre
de Dieu jusqu'à la fin des siècles. Mais l'assemblée n'a-t-elle pas conservé avec l'exactitude
la plus scrupuleuse, les moyens que J. C. a
institué, pour conserver parmi nous cette
sainte hiérarchie ? Quels sont ces moyens ? L'imposition des mains et la prière, c'est-à-dire, le
sacrement de l'ordre. Voilà la source et le canal

par lesquels il a plu à J. C. de communiquer à son église cette puissance spirituelle, ces graces invisibles, ces richesses divines et célestes qui sont annexées au ministère et aux fonctions sacrées du sacerdoce et de l'apostolat, dans la nouvelle loi.

D'après ce parallèle des décrets de l'assemblée nationale avec les principes de Fleuri sur la jurisdiction essentielle de l'église, il est évident que cette assemblée n'a point usurpé une puissance qui lui soit étrangère. On ne peut lui faire un pareil reproche sans la calomnier; et certes, pour que ce reproche fût juste et fondé, il faudroit que les décrets de l'assemblée attaquassent le droit que l'église a d'enseigner le dogme et la morale, le droit qu'elle a d'établir les règles qu'elle juge convenables à son *gouvernement intérieur*, le droit enfin qu'elle a de créer et d'ordonner ses ministres et ses pasteurs. Or, je le demande encore, car on ne ne peut trop le demander :

Quel est donc le décret de la constitution civile du clergé qui dépouille l'église et les évêques de ces droits ? Quel est le décret qui ôte aux évêques le droit d'enseigner le dogme et de prêcher la morale, de condamner l'erreur, de conserver avec soin le précieux dépôt de la

C 3

foi , et de nous donner des écrits solides et lumineux pour combattre les sophismes de l'irréligion et de l'incrédulité ?

Quel est le décret de l'assemblée qui ôte aux évêques le droit d'établir les règles qu'ils trouveront propres et convenables au gouvernement intérieur de l'église : c'est-à-dire , d'établir des moyens efficaces pour que les sacremens ne soient point profanés , et qu'ils ne soient administrés qu'aux personnes qui en sont dignes ; pour que le peuple soit éclairé et solidement instruit ; pour dégager le culte et la liturgie de ces cérémonies bisarres qui ont été inventées dans les siècles d'ignorance , et qui ne sont propres qu'à entretenir parmi les fidèles , la superstition et le fanatisme ; enfin pour bannir du sanctuaire , la simonie, l'avarice , l'ambition tous les autres vices qui dégradent et qui déshonorent des hommes qui, par état, doivent être le sel de la terre et la lumière du monde?

En un mot, quel est le décret de l'assemblée qui ôte aux évêques le droit essentiel qu'ils ont de perpétuer dans l'église les fonctions du sacerdoce et de l'apostolat par l'imposition des mains et le sacrement de l'ordre?

Voilà les seuls droits que J. C. a laissé à son église, parce que ce sont les seuls qui lui soient véritablement nécessaires. Si elle a étendu quelquefois sa puissance au delà, ce n'a été que par l'usurpation des évêques et des papes, ou par une pure concession de la puissance civile qui peut toujours rentrer dans ses droits, toutes les fois qu'elle le juge à-propos, parce que les droits des nations et des peuples, sont inviolables. et imprescriptibles.

Il ne faut donc jamais oublier ce grand principe : c'est que l'église ne peut réclamer que la puissance spirituelle qu'elle a reçue de J. C. pour gouverner les ames et pour les sanctifier. Toute autre puissance lui est étrangère, et ne peut appartenir qu'au souverain qui, seul, peut statuer en dernier ressort, sur ce qui est de police et de discipline extérieure, parce que la police et la discipline ont la plus grande influence sur le gouvernement, sur le bien de l'état et la prospérité publique : objets qui sont étrangers à l'église, et dont la discussion n'appartient qu'à la puissance civile.

Cette distinction des droits de la puissance civile et de la puissance ecclésiastique est fondée sur les principes les plus clairs de l'évangile et les maximes de J. C., qui nous apprend que son royaume n'est pas de ce monde ; que ses disciples en rendant à Dieu ce qui appartient à

Dieu, doivent aussi rendre à César ce qui appartient à César : que l'église étrangère sur la
terre n'a point d'autre patrimoine que les richesses invisibles de la grace, point d'autre
autorité que celle qui est fondée sur la per-
suasion, point d'autres armes que la résigna-
tion et la patience, point d'autre grandeur que
celle qui consiste dans l'humilité et l'abnéga-
tion de soi-même. Telle est la véritable notion
que l'on doit se former de l'église et de la religion chrétienne. Toute autre idée est fausse
et dangereuse, parce qu'elle n'est propre qu'à
dégrader la religion, qu'à la rendre odieuse
aux souverains, qu'à justifier les reproches
que les incrédules lui font, et les sacasmes qu'ils
ne cessent de lancer contr'elle. Je l'ai déjà dit
en répondant à un de mes critiques, et il est
utile de le répéter ici : si la religion chrétienne
prétendoit être indépendante du gouvernement
dans tout ce qui est de police et de discipline,
il faudroit convenir avec Rousseau, que le
christianisme est un système anti-social et inadmissible dans toute espèce de société ; mais
heureusement cette assertion est un paradoxe
absurde ; attendu que le christianisme considéré
en lui-même, et dégagé de tout l'accessoire dont
la superstition et l'ignorance l'ont surchargé, est

la religion la plus bienfaisante, et la plus utile au genre humain, parce qu'elle est la plus propre à se plier au génie et à l'esprit de tous les gouvernemens, et de toutes les institutions civiles et politiques.

✻ Et en effet, ce n'est que depuis que les papes ont formé le système d'une monarchie univer-selle, le système de rendre à Rome moderne, la même puissance que l'ancienne Rome avoit ac-quise par ses conquêtes et la force de ses armes: ce n'est que depuis ce temps, que les droits des princes sur l'église ont été oubliés et mé-connus. Avant cette époque, l'église ne faisoit rien sans leur autorisation ; et bien loin de leur contester le droit de législation en matière de discipline, les évêques leur soumettoient tous les réglemens qu'ils dressoient dans les synodes et les conciles : et ils les leur soumet-toient pour être modifiés, corrigés et sanc-tionnés : *quidquid in eis emendatione dignum reperietur, vestra magnifica imperialis dignitas, jubeat emendari, ut ita emendata nobis profi-ciant.* corc. de Tours, de Mayence, an. 813.

Tel étoit alors l'esprit et le langage de l'é-glise et des évêques. Jamais on ne les a vu se révolter contre les empereurs; jamais on ne les a vu bouleverser l'Etat pour maintenir leur au-

torité, pour conserver leurs sièges, et faire
révoquer les loix de discipline qui étoient éma-
nées du trône, quoique ces loix ne fussent
pas toujours conformes à l'esprit de la religion.
Telles étoient, par exemple, les loix impériales,
qui permettoient le divorce, et qui paroissoient
donner atteinte à l'indissolubilité du mariage.
C'est qu'ils étoient persuadés de cette vérité
importante : que notre soumission à toutes les
loix de l'Etat, doit être sans restriction et sans
bornes, pourvu que ces loix ne soient pas évidemment contraires aux principes de la morale. Pour peu qu'il y ait de doute sur cette
matière, la véritable manière de se décider est
de se soumette à la puissance civile ; et pourquoi ? parce qu'il n'y a point de maxime plus
évidente que celle qui nous apprend que la
plus importante de toutes les loix, c'est le salut
du peuple : *populi salus, suprema lex* : maxime
par conséquent qui mérite qu'on lui sacrifie
tous ses doutes et tous ses scrupules.

Ces grands évêques étoient encore persuadés de cette vérité, qui n'est pas moins importante, c'est que le plus grand de tous les maux,
c'est le schisme ; et que pour l'éviter, on est
obligé de tout faire et de tout sacrifier. Telle
étoit, comme on l'a dit si souvent, et comme on

ne peut trop le répéter, la manière de penser de St. Augustin, et de tous les évêques d'Afrique ses contemporains. Que ne firent-ils pas pour procurer la paix à l'église, et faire cesser le schisme des Donatistes? Ils offrirent non-seulement de partager avec eux leurs siéges; ils offrirent encore de donner leur démission; au-lieu que nos évêques refusent la leur, pour avoir le plaisir de mettre tout en combustion, de livrer la France à la plus affreuse anarchie, et aux plus grands désordres. Voilà pourtant ce que l'anonyme appelle une conduite ferme et héroïque; mais Monsieur le docteur, on voit bien que vous n'êtes guères plus instruit et plus connoisseur, en fait d'héroïsme et de vertus épiscopales, que vous ne l'êtes en fait de canons, de conciles et d'histoire.

On m'a dit que vous avez les plus grands talens pour expliquer l'apocalypse, et toutes les prophéties qui concernent la venue de l'ante-Christ; la fin du monde, le retour d'Elie et des juifs, qui doit avoir lieu incessamment, suivant vos calculs qui sont de la plus grande justesse. Je vous en fais mon compliment: mais j'ajoute qu'il faut vous borner à ces sortes de matières et vous en tenir là. Voilà votre seule et véritable mission; sur tous les autres points, vous êtes un véritable intrus, un homme sans aucune espèce de crédit et d'autorité. C'est que les objets qui n'appartiennent qu'à la raison, au bon sens et aux vérités essentielles de la religion, ne sont pas assez sublimes pour être dignes de votre attention. Il faut à la hauteur et à la sublimité de vos conceptions, des objets plus relevés, plus nobles, et d'un plus grand prix. Votre esprit est naturellement porté à l'enthousiasme, il est fait pour lire dans les décrets prédéterminans, pour concilier la liberté avec la prémotion physique et la grace efficace ; il est fait pour nous expliquer clairement la transmission du péché originel, le grand mystère de la prédestination et du petit nombre des élus. Je souhaite bien cordialement que vous soyez de ce nombre : mais il est bon de vous avertir ici charitablement, que pour mériter une pareille grace, il ne faut jamais médire, et encore moins calomnier : et c'est cependant ce que vous ne cessez de faire depuis que vous vous êtes avisé d'écrire sur la révolution. Comment, par exemple, peignez-vous la nouvelle constitution de France ? Comme l'ouvrage le plus monstrueux qui ait jamais paru : quoique ce soit le chef-d'œuvre de la législation ; puisqu'elle porte sur

les bases éternelles de la justice et de l'égalité
naturelle : puisqu'elle rétablit l'homme dans tous
les droits que la nature lui a donnés , et que
la religion consacre. Comment peignez-vous les
députés qui ont déployé le plus de zèle ; le
plus de patriotisme, le plus d'amour pour le
peuple ? Comme autant d'incendiaires qui ont
employé les moyens les plus attóces pour réussir
dans leurs desseins. Enfin vous portez la fureur
et le délire de la calomnie jusqu'au point de
soutenir qu'on n'a jamais brûlé d'assignats , quoique cette opération se fasse si souvent et avec
la plus grande publicité. Je ne finirois pas si
je voulois relever toutes les inepties qui se trouvent dans les brochures dont vous avez infecté
le public : toutes les injures que vous y avez
répandues à pleines mains contre les Camus,
les Taillerand, les Treilhard , les Grégoire, contre les citoyens les plus éclairés et les plus es-
timables. Si vous croyez les avoir piqués , vous
êtes dans l'erreur ; ils vous regardent comme
un de ces écrivains sans conséquence , dont
les injures sont de vrais éloges.

Je n'en dirai pas davantage sur cet article,
et je vais finir cette lettre par résoudre quelques objections que vous m'avez faites sur ce
que j'ai dit touchant la jurisdiction ecclésias-

tique , et le droit, du peuple dans les élections.
On va voir que j'aurois pu passer sous silence
ces sortes de difficultés, tant elles sont frivo-
les et puériles.

Première objection. Il entre nécessairement,
dit Lan. , dans l'idée de toute puissance com-
muniquant une juridiction, de fixer l'enceinte
où elle pourra s'exercer. p. 13.

Rép. ce principe est-il bien vrai ? Qu'on en
juge par l'exemple des apôtres ; ils ont reçu de
J. C. toute la jurisdiction spirituelle dont-ils
avoient besoin pour gouverner l'église ; et cependant, n'est-il pas évident que lorsque J. C.
les a envoyés, ils n'a fixé à aucun d'eux l'enceinte où ils devoient exercer leur ministère et
leur jurisdiction. Il n'a point donné d'autres
bornes à leur zèle, que celles de l'univers. Allez , dit-il , enseignez toutes les nations . *euntes*
docete omnes gentes, etc. Ces paroles renferment
certainement le titre primordial de la jurisdiction ecclésiattique et proprement dite ; mais
quel est l'homme de bon sens qui puisse voir
dans ces paroles , une distinction de territoire ,
et une enceinte dans laquelle chaque apôtre
étoit obligé de se renfermer et de se concen-,
trer ?

Il est donc évident que la jurisdiction que,

les apôtres ont reçue de J. C. étoit illimitée, puisqu'elle n'avoit point d'autres bornes que celles de l'univers ; et par conséquent les bornes où la jurisdiction épiscopale se trouve aujourd'hui renfermée, ne peuvent être que d'institution humaine et de discipline , purement extérieure ; institution et discipline qui ne sont fondées que sur les besoins du peuple , sur l'utilité publique , suivant la doctrine du concile d'Antioche , et qui par conséquent doivent changer , lorsque ces besoins et cette utilité l'exigent.

Il est donc faux *qu'une puissance ne peut conférer une véritable jurisdiction , sans fixer l'enceinte où elle pourra s'exercer.* La fausseté de ce principe est démontrée par l'exemple des apôtres que je viens de citer ; elle l'est encore par l'exemple de ces juges que les Romains appelloient cartulaires : et voici ce que l'on doit entendre par ces sortes de magistrats.

C'étoit des juges qui recevoient du prince , le pouvoir de juger tous ceux qui vouloient se soumettre à leur jurisdiction ; ils n'étoient attachés à aucun tribunal ni à aucun territoire particulier ; leur pouvoir et leur autorité s'étendoient sur tous ceux qui avoient confiance en eux : voilà cependant une jurisdiction qui étoit

par sa nature, indéfinie et illimitée, donc mon
censeur s'est trompé grossièrement, lorsqu'il
a dit qu'il n'y a point de véritable jurisdiction,
à moins qu'il n'y ait *une enceinte où elle puisse
s'exercer.*

2e. *Objection.* La puissance civile ne peut
détruire certains diocèses et agrandir les autres,
sans détruire ou donner la jurisdiction spirituelle, qui n'est pas certainement de la compétence de l'assemblée, donc, etc.

Réponse. Comment, monsieur le censeur, pou-
vez-vous encore répéter une pareille difficulté à
laquelle on a cent fois opposé les raisons les plus
victorieuses et les plus triomphantes. Elles sont
si claires et si sensibles, ces raisons, que je
suis porté à croire que vous ne les avez jamais
lues ou méditées; puisque vous raisonnez encore si mal sur tout ce qui regarde la circonscription des diocèses.

Non, Monsieur, l'assemblée nationale n'a
rien fait, dans ces sortes d'opérations, qui ne
soit de sa compétence, rien qui soit une usurpation de la puissance spirituelle. En effet, à quoi
se bornent et se réduisent les décrets que
nous discutons ici ? On vous l'a dit souvent,
et on l'a dit avec raison, il ne s'agit que d'une
opération civile et politique, d'une opération
étrangère

étrangère au dogme et à la morale, puisqu'on
s'est borné à fixer le nombre des évêques en
suprimant ceux qui sont inutiles, en conser-
vant ceux qui sont nécessaires, en donnant à
tous les diocèses un arrondissement plus utile,
plus commode, plus proportionné aux besoins
du peuple qu'il ne l'étoit auparavant. Car tout
le monde sait qu'il n'y avoit rien de si bizarre,
de si irrégulier, que l'ancienne distribution des
diocèses ; tandis que les uns avoient la plus
grande étendue, les autres étoient renfermés
dans la sphère la plus étroite ; tandis qu'il y en
avoit qui contenoient presque dix-huit cents
paroisses, on en voyoit d'autres qui n'en avoient
que dix-huit ou vingt ; et, ce qu'il y a d'admi-
rable, c'est que ceux-ci étoient quelquefois
meilleurs et plus lucratifs que les premiers ;
puisque pour gouverner ce petit troupeau,
et lui donner une fois, en dix ans, la confir-
mation, monseigneur jouissoit paisiblement, et
délicieusement, de plus de cent mille liv. de
rente. Or, je le demande, peut-il y avoir un
désordre plus révoltant et plus contraire à tous
les principes d'une sage administration ? Pourquoi donc trouver mauvais que l'assemblée nationale ait suprimé de pareils abus ? puisqu'elle
n'a été convoquée que pour établir, dans toutes
les parties de l'administration publique, une

D

sage réforme. Tel étoit le vœu général de toute la France, comme il paroît par le plus grand nombre des cahiers qui demandoient une nouvelle constitution et la suppression de tous les abus qui infectoient l'église et l'état. La compétence de l'assemblée, touchant la discipline ecclésiastique, ne peut donc plus être regardée comme un problème : c'est une vérité démontrée et incontestable.

Rien donc de plus juste et de plus raisonnable que les décrets qui regardent la circonscription des diocèses, puisqu'ils sont l'expression du vœu général de la nation, puisqu'il en résulte une discipline plus conforme au bien public ; puisqu'enfin, dans ces sortes d'opérations, l'assemblée nationale n'a fait qu'exercer un droit qui étoit de sa compétence : c'est ce que j'ai prouvé par les monumens les plus authentiques.

C'est ce que j'ai prouvé par l'autorité du concile d'Antioche, qui déclare que, pour le bien du peuple, les métropoles ecclésiastiques ont été établies dans les métropoles civiles.

C'est ce que j'ai prouvé par l'exemple de saint Bazile, qui se soumit à l'édit de Valens, lorsque cet empereur ordonna une nouvelle division de la Cappadoce, et par cette division une nouvelle métropole ecclésiastique.

C'est ce que j'ai prouvé par l'autorité du
concile de Calcédoine, qui condamna, à la vérité, les nouvelles métropoles érigées par l'ambition et l'intrigue des évêques, mais qui reconnut solemnellement la validité de celles que
nécessitent le bien de l'état et une nouvelle
circonscription dans les provinces de l'empire
si qua vero civitas, ect.

C'est ce que j'ai prouvé par l'autorité du concile
de Turin qui ordonne que, lorsque deux évêques
se disputent les droits de métropolitain, on doit
prononcer en faveur de celui qui résidera dans
la capitale et la métropole civile de la province.

C'est ce que j'ai prouvé par l'exemple de Justinien qui, sans consulter le pape, et ne con-
sultant que le bien public et l'intérêt de l'é-
tat, établit, dans le lieu de sa naissance, une
ville épiscopale et métropolitaine.

Enfin, c'est ce que j'ai prouvé par l'exemple de
Charlemagne, et des assemblées nationales qu'il
convoqua si souvent, assemblées d'où sont sor-
tis ces fameux capitulaires qui embrassent tous
les objets de la discipline ecclésiastique. Voyez
les notes de l'Apologie, deuxième édition.

Mais lorsque la puissance civile déployoit
ainsi son autorité, pour donner des loix au
clergé et régler la discipline de l'église d'une

manière utile à l'état et au bien public, comment se comportoient les évêques et comment
recevoient-ils ces loix? avec la plus grande do-
cilité et la plus parfaite soumission. Ils ne s'a-
visoient point alors de dire, comme aujour-
d'hui, que les règles de la discipline ecclésiastique ne sont jamais de la compétence du
prince. On ignoroit alors ce beau principe, et
l'on croyoit bonnement que le zèle des évêques
devoit se borner à prêcher l'évangile, à maintenir la pureté de la morale et à donner le bon
exemple. On croyoit avec saint Augustin que,
dans tout ce qui n'est point évidemment contraire à la foi et aux bonnes mœurs, il faut
suivre les loix et les usages du pays où l'on vit
attendu que ce n'est que par-là que l'on peut
contribuer au bonheur de l'état et resserrer
les liens de la société dont on est membre.

*Quod enim neque contra fidem catholicam
neque contra bonos mores esse convincitur,
indifferenter est habendum et pro eorum inter
quos vivimus societate servandum.*

Or, a-t-on démontré que, parmi les décrets
de l'assemblée, il s'en trouve qui soient contraires à la foi et aux mœurs? Les écrivains du
clergé n'ont cessé de le dire. Mais en ont-ils
donné la preuve? On l'attend encore, et on
l'attendra probablement long-temps. Que trou-

ve-t-on donc dans tous ces écrivains et surtout dans mon censeur anonyme ? des raisonnemens sans justesse, qu'on nous donne pour des démonstrations ; des opinions scholastiques, qu'on érige en articles de foi ; des canons ecclésiastiques et des loix impériales qu'on entend de travers ; des traits d'histoire qu'on défigure et qu'on altère.

Voilà à-peu-près à quoi se réduisent les écrits qu'on a publiés contre la constitution civile du clergé, constitution qui mérite d'être adoptée avec les transports les plus vifs et qui le sera un jour universellement, lorsque les passions ne seront plus exaltées, lorsque les têtes ne seront plus si échauffées, lorsque la raison rentrera dans ses droits, lorsqu'enfin l'intérêt personnel, l'esprit de parti et le fanatisme auront entièrement disparu.

Voilà, mon cher critique, ce qui arrivera infailliblement ; et bientôt, malgré tous vos beaux raisonnemens, malgré les savantes brochures que vous répandez sans cesse dans le public pour exciter charitablement le schisme dans l'église, les guerres civiles dans l'Etat, et l'esprit de révolte et d'insubordination contre la seule autorité qui existe aujourd'hui, celle de l'assemblée nationale : si vous continuez d'écrire sur un pareil ton, il faut croire que la patrie

vous récompensera de vos services, et qu'elle
vous décernera, un jour, la couronne civique.

Quatrième objection. Il n'appartient qu'à
l'église de donner la jurisdiction spirituelle,
cependant l'assemblée l'a donnée réellement en
créant de nouvelles métropoles et en agrandis-
sant certains évêchés.

Réponse. On voit bien, mon cher censeur,
que vous n'avez pas une idée bien exacte et
bien nette de la jurisdiction spirituelle qui
constitue le sacerdoce et l'épiscopat, et cela
n'est guères étonnant, ce n'est pas en étudiant
les canonistes, les décrétales et les extravagantes
des papes qu'on apprend à parler correctement
sur la théologie et la religion.

Si vous aviez étudié l'antiquité et les pères de
l'église, vous auriez appris que la jurisdiction spirituelle ne se communique que par le sacrement de l'ordre, or, il est de foi que c'est
Dieu seul qui opère tous les effets qui résul-
tent de ce sacrement, il s'ensuit donc que c'est
de Dieu seul que peut venir la jurisdiction et
les autres qualités qui sont annexées à la pré-
trise et à l'épiscopat ; et comme cette jurisdiction est la même que celle que reçurent les
apôtres et les 72 disciples, il s'ensuit qu'elle
n'est ni incomplette, ni radicale, ni imparfaite,
elle a toute la perfection et toute l'étendue

qui lui sont nécessaires dans l'ordre du salut et de la grace.

Il ne manque donc qu'une seule chose à un prêtre et à un évêque qui viennent d'être ordonnés; il ne leur manque qu'un territoire et des sujets sur lesquels ils puissent exercer la jurisdiction qu'ils ont reçue de Dieu dans le sacrement de l'ordre.

Mais à qui appartient-il de donner ce territoire? est-ce un droit qui soit purement spirituel, et qui n'appartienne qu'à l'église? Il est évident que ce droit n'est que temporel, puisque souvent il a été exercé par nos rois, par les empereurs d'Orient et d'Occident qui le regardoient comme une des prérogatives attachées à leur couronne. Cette prérogative étoit encore annexée à certaines terres ci-devant seigneuriales; en sorte que ceux qui en étoient propriétaires avoient ce qu'on appelloit le patronage laïc.

Il est vrai que pour les bénéfices à charge d'ames il falloit s'adresser à l'évêque, pour en recevoir l'institution canonique. Mais cet usage est-il bien ancien? il ne date que depuis les siècles d'ignorance, que depuis qu'on s'est avisé de faire des ordinations vagues et sans titre, ordinations qui sont une des plus grandes plaies qu'on ait pu faire à l'église et qui étoient

inconnues dans les beaux jours du christianisme.
Alors on n'ordonnoit des prêtres et des évêques
qu'à mesure qu'il y avoit des places vacantes,
places dont le nombre étoit fixé et déterminé
suivant les besoins du peuple , suivant la population des villes et des provinces. Dès que
quelqu'un avoit été choisi et élu pour la pré-
trise ou l'épiscopat , il recevoit l'imposition des
mains, et sur-le-champ, il exerçoit les fonctions
de son ministère. On ne connoissoit point alors
ni les visa des évêques, ni les bulles des papes ,
soit *in forma dignum* , soit *in forma gratiosa* ,
ni toutes ces belles formalités qui ont été intro-
duites par les canonistes et les suppôts de la
chancellerie romaine.

Ce n'est pas que je blâme tous ces réglemens : s'il y en a un grand nombre d'abusifs et
d'absurdes, qui ne doivent leur origine qu'à
l'avarice et à la chicane la plus rafinée , il y
en a aussi d'utiles et qui étoient commandés
par les circonstances et par la nouvelle discipline qui venoit de s'introduire dans les
ordinations ; telle étoit par exemple, l'institution canonique, sans elle il se seroit introduit
les plus grands abus dans l'église ; et en effet ,
comme les papes , les moines, les chanoines,
les laïcs , les femmes même étoient autorisés a
nommer aux bénéfices et à choisir parmi ces

légions de prêtres non titulaires dont l'église étoit surchargée, souvent le choix qu'on faisoit étoit très-mauvais, il étoit donc nécessaire qu'il y eût des loix établies pour corriger le vice de ces élections, et éloigner du ministère les prêtres vicieux et ignorans. Voilà pourquoi il fut statué que tous ceux qui n'auroient pas été nommés par l'ordinaire des lieux, c'est-à-dire par l'évêque, seroient obligés, avant de prendre possession, de se présenter à lui pour en être examinés sur les mœurs et la doctrine.

Voilà donc a quoi se réduit le droit de l'évêque; c'est d'examiner si celui qu'on a nommé a les qualités nécessaires pour remplir dignement la place qu'on lui a confiée. Par conséquent l'institution qu'il donne en conséquence de cet examen ne peut-être regardée que comme une attestation et un certificat d'idonéité.

Telle est l'idée que nous donne de l'institution canonique, le fameux édit de 1695. Voici ce qu'on y lit : « ceux qui auront été pourvus de bénéfices en cour de Rome en la forme appellée *dignum*, seront tenus de se présenter en personne aux archevêques et évêques dans les diocèses desquels lesdits bénéfices sont situés, et en leur absence à leurs vicaires-généraux, pour être examinés en la manière qu'ils jugeront à propos, et en obtenir des lettres de visa, dans lesquelles sera fait mention dudit examen avant que lesdits pourvus puissent entrer en possession de jouissance. « Telle est l'idée que nous donnent de l'institution canonique nos meilleurs jurisconsultes. Le visa de l'ordinaire dit Boucher d'Argis, consiste dans des lettres d'attache de l'évêque ou de son grand vicaire, par lesquelles, après avoir vu les provisions de la cour de Rome, il déclare qu'il a trouvé l'impétrant capable du bénéfice dont il s'agit; le *visa* fait partie de la prevision, ou pour mieux dire, est la vraie provision, étant l'accomplissement de la condition sous laquelle le pape a conféré. Instit. au droit canon. de Fleuri, tom. 1, p. 409.

Telle est l'idée que nous donne de l'institution canonique la jurisprudence universellement reçue dans le royaume. Suivant cette jurisprudence, il est permis d'avoir recours à l'appel comme d'abus, lorsque l'évêque refuse le *visa* ou l'institution canonique; par conséquent cette institution n'est qu'un réglement de police et de discipline extérieure qui ne confère point la jurisdiction spirituelle, puisque cette jurisdiction ne peut être de la compétence des tribunaux séculiers. Enfin, telle est l'idée que nous donne de l'institution canonique la doctrine des pères et de nos meilleurs théologiens;

ils s'accordent tous à nous apprendre que J. C.
confère aux prêtres et aux évêques dans le
sacrement de l'ordre toute la puissance dont
les apôtres et les 72 disciples ont été revêtus.
Or, il est constant que les apôtres et les 72
disciples reçurent par l'ordination et l'imposition des mains toutes les graces, toute la
jurisdiction spirituelle qui leur étoient nécessaires pour exercer les fonctions du sacerdoce.
A moins qu'il ne plaise à nos adversaires d'i-
maginer et de nous dire que les apôtres et les
disciples furent encore obligés avant de prêcher
l'évangile, d'aller trouver Saint-Pierre pour lui
demander des bulles, soit en la forme qu'on
appelle *dignum*, soit en celle qu'on appelle
in forma gratiosa.

Concluons donc que la doctrine des théologiens et des canonistes modernes sur les effets
qu'ils attribuent à l'institution canonique, est
le comble de l'absurdité et un véritable gali-
mathias.

Concluons que cette institution se réduit à
une simple formalité de discipline qui est éta-
blie, non pas pour conférer la jurisdiction
spirituelle, mais pour constater la capacité
de celui qui est nommé à quelque bénéfice.

Concluons avec Bossuet et Habert, évêque
de Vabres, que le prêtre et l'évêque ne reçoi-

vent leur jurisdiction que de Dieu seul, *et que rien n'est égal en absurdité à la maxime, que celui qui donne le titre confère aussi la jurisdiction : longe est absurdissimum, juris-dictionem ab eo esse qui confert titulum.* Defens. cler. gall. liv. 8, cap. 13.

Concluons enfin d'après tous ces principes, qui sont incontestables, que les décrets de l'assemblée ne touchent point à la jurisdiction spirituelle, puisqu'ils se bornent à fixer le territoire et l'arrondissement des paroisses et des diocèses, ils se bornent à déterminer le local des métropoles ecclésiastiques d'après la nouvelle division des provinces suivant l'an-cienne pratique de l'église, ils se bornent à diminuer ou à augmenter le nombre des ouailles d'un évêque ou d'un curé.

Or, ne faut-il pas être aveugle, et frappé d'un esprit de vertige, pour ne pas voir que dans toutes ces opérations il n'y a a rien qui ne soit du ressort de la puissance civile ; rien qui soit contraire aux droits essentiels de l'église et de l'épiscopat.

L'erreur de tous ceux qui attaquent les décrets de l'assemblée, vient de ce qu'ils sup-posent que les décrets, en donnant un territoire à tel ou tel évêque, confèrent en même-tems la jurisdiction spirituelle ; voilà ce qu'on ne cesse de répéter fastidieusement, quoiqu'il n'y ait rien de plus ridicule et de plus faux que cette supposition ; pour qu'elle fût admissible et raisonnable, il faudroit que l'assemblée eût décrété que pour exercer les fonctions du ministère il suffit d'avoir été élu par le peuple, et que le sacrement de l'ordre n'est point du tout nécessaire, c'étoit, comme tout le monde sait, l'erreur des protestans ; mais y a-t-il quelqu'un parmi nous qui soutienne un pareil système ? Et n'a-t-on pas conservé avec le plus grand soin tout ce qui est nécessaire et essentiel pour perpétuer parmi nous la puissance et le *ministère des clefs*, c'est-à-dire, la puissance du sacerdoce et de l'apostolat.

Il est donc vrai que l'assemblé nationale a mis la plus grande précision et la plus grande exactitude dans ses décrets, puisqu'ils ne portent que sur ce qui est de police et de discipline, puisqu'ils se bornent à une circonscription du territoire où s'exerceront les fonctions du ministère ecclésiastique. Il en est de cette opération en grand comme de celles qu'on a faites si souvent en petit et en détail

Souvent il est arrivé que les municipalités ont étendu ou diminué l'enceinte de leurs églises paroissiales, suivant le nombre des paroissiens et des habitans. La population venoit-elle à

augmenter, alors on donnoit une plus grande
étendue, une plus vaste enceinte à l'église pa-
roissiale. La population venoit elle à diminuer ?
alors on prenoit le parti de rebâtir une église
plus petite et moins coûteuse à entretenir.
Dira-t-on que dans ces sortes de circonstances
les municipalités ont usurpé la puissance spiri-
rituelle et qu'elles ne pouvoient point régler
et déterminer l'enceinte d'un temple, parce que
ce temple est un lieu destiné à la célébration
des plus grands mystères de la religion ? Dira-
t-on encore que lorsque les princes font passer
les habitans d'un pays trop peuplé pour les
établir dans un autre qui l'est moins, dira-t-on
qu'ils touchent à la jurisdiction spirituelle des
évêques ? On ne l'a pas encore dit, mais il ne
faut désespérer de rien. Je m'attends bien
que mon adversaire soutiendra quelque jour
cette thèse ; et il aura raison, s'il tient toujours
aux mêmes principes. Car enfin, si l'évêque
est lié irrévocablement avec ses ouailles, s'il y
a entre elles et lui un mariage spirituel ; donc
il n'y a aucune puissance qui puisse rompre
ce lien ; donc dès lors qu'on est né dans un
diocèse, il faut y vivre et mourir ; donc il n'est
plus permis d'en sortir. Autrement on devien-
dra schismatique, et l'on sera damné à coup
sûr.

Vous verrez donc bien des damnés dans l'autre monde, mon cher Anonyme, et ce sera un grand plaisir pour vous, car on dit que vous n'êtes pas tendre en matière de direction, et que vous faites le nombre des élus encore plus petit qu'il ne l'est dans l'évangile.

Cinquième objection. La proscription de l'état religieux est un véritable blasphême, etc.

Rép. On ne blasphême que lorsqu'on outrage la divinité par ses paroles et ses sentimens impies. Mais quel outrage a-t-on fait à la divinité lorsqu'on a détruit les cordeliers, les récolets, les capucins, les picpus, les grands et les petits carmes, les bernardins, les augustins, etc. Croyez-vous que la divinité s'intéresse beaucoup à l'existence de tous ces ordres soi-disant religieux ? Croyez vous enfin que pour qu'une nation soit catholique et chrétienne, il faut absolument qu'elle entretienne et qu'elle nourisse tant d'êtres inutiles et fainéans ? Pour que votre objection fût un peu solide, il faudroit qu'il y eût dans les décrets quelque article qui fût contraire aux conseils de perfection que J. C. nous donne dans l'évangile ; mais je vous défie de trouver en défaut, l'assemblée sur cet article ; elle n'a condamné ni le vœu de pauvreté, ni celui de virginité, etc. Vous pouvez, si cela vous plaît, observer ces vœux, vous pouvez y ajouter force coups de discipline , et vous fustiger comme vous le méritez , personne ne le trouvera mauvais ; mais après tout , est-il nécessaire que le gouvernement vous donne un palais magnifique , sous le nom de monastère , et qu'il vous laisse la jouissance de cent mille livres de rente ; parce que vous avez fait vœu de pauvreté ?

6e. *Objection.* L'église est indépendante dans son ressort , et elle a droit de se gouverner seule.

Réponse. Si l'église est indépendante de la puissance temporelle, pourquoi donc s'est-elle toujours soumisse aux lois que les princes ont jugé à propos de lui donner sur la discipline exterieure ? telles que sont les lois qui concernent le nombre des prêtres, la fondation des monastères, les empêchemens de mariage, la convocation des conciles, la fondation des évêchés et des métropoles, etc.

Si l'église est indépandante de la puissance civile, pourquoi a-t-elle soumis plusieurs fois ses canons de discipline aux rois et aux empereurs, afin qu'ils les sanctionnassent et qu'ils les corrigeassent s'ils le jugoient a propos.

Il est si vrai que l'église n'est point indépendante de

de la puissance civile, que mon auteur est forcé de convenir que cette puissance peut rejetter les lois que l'église a faites sur la discipline ; parce qu'elles peuvent être contraires au bien de l'état. p. 37.

Or je n'en veux pas davantage pour prouver que mon adversaire se contredit lui-même, et que par ce seul mot il a renversé et détruit tout son systême sur l'indépendance de l'église, en fait de discipline ecclésiastique.

Et en effet, une puissance ne peut être souveraine et indépendante, que lorsque les lois qu'elle fait ne sont soumises à l'examen, à la sanction ou au *véto* d'une autre autorité différente de la sienne. Si donc l'église est obligée de soumettre ses lois et ses reglemens à un autre tribunal qui a le droit de les rejetter et de les annuler, je vous le demande, s'il n'y a pas de l'absurdité et une contradiction grossière à soutenir en même-temps comme le fait mon An. que l'église a le droit de se gouverner seule, et qu'elle est absolument indépendante de la puissance civile.

Monsieur le critique, on dit que vous avez de grands talens et des talens très-variés ; je veux bien le croire ; mais il seroient encore plus grands et plus utiles, si vous aviez un

E

peu mieux étudié les règles de la logique et l'art de penser et de raisonner.

Il nous reste à examiner le mode des élections dans les beaux jours de l'église.

J'ai soutenu et je soutiens encore, que le peuple y avoit la plus grande influence, par le droit qu'il avoit d'y voter. L'an, au contraire, prétend que ce droit n'apartenoit qu'au clergé. examinons donc ici de quel côté se trouve la vérité.

J'ouvre d'abord les actes des apôtres, où il est fait mention des deux premières élections qui aient eu lieu dans l'église ; et je vois que dans l'une et dans l'autre, le peuple s'y trouve, non-seulement pour *rendre témoignage*, mais encore pour y donner sa voix.

Comment, en effet, procède-t-on à l'élection de saint Mathias ? Le voici : les disciples, dit saint Luc, étoient assemblés au nombre de cent-vingt. Saint Pierre se lève au milieu d'eux ; il propose de remplir la place vacante par la mort de Judas, et de lui donner un successeur : il fait connoître quelles doivent être ses qualités et ses vertus, mais il s'en tient là ; il ne désigne nommément personne ; il s'en rapporte au choix de la multitude qui étoit présente. Les suffrages se trouvent partagés

entre saint Joseph et saint Mathias. *Et statue-*
runt duos.

Que répond l'anonyme à cet exemple si décisif ? Il vient nous dire que cette assemblé
n'étoit composée que de disciples, qu'il n'y
avoit point de simples fidèles, et que par conséquent cette assemblée étoit entièrement ecclésiastique.

Il faut avouer que ce commentaire a tout le
mérite et toutes les graces de la nouveauté.
Jusqu'à présent, on avoit cru bonnement, avec
tous les Pères de l'église, que l'assemblée, dont
il s'agit ici, étoit composée non-seulement d'a-
pôtres, mais encore de peuple et de simples
fidèles. C'étoit le sentiment de saint Cyprien;
qui, dans sa lettre soixante huit, voulant prouver le droit du peuple dans les élections, donna
pour exemple l'assemblée où fut élu saint Mathias, et le discours de saint Pierre dans cette
occasion; discours qu'il soutient avoir été adressé
au peuple. *Quando de ordinando in locum*
Iudæ apostolo petrus ad plebem loquitur.

Voilà comme l'on voit une très-grande dif-
férence de sentiment entre saint Cyprien et notre
anonyme. Reste à savoir à quelle interprétation l'on doit s'attacher, je laisse au lecteur

intelligent) , le soin de résoudre un pareil problême.

Après avoir cité l'exemple de saint Mathias , j'ai cité dans l'Apologie celui des diacres qui ne furent élus que par le peuple , les apôtres s'étant bornés à l'imposition des mains.

Quoique mon critrique ait la plus grande manie d'épiloguer et de chicaner comme un véritable hybernnois , sur les vérités des plus incontestables , cependant il a la sagesse et la prudence de ne rien dire sur cette élection , tant elle est propre à confirmer les droits du peuple.

Mais malheureusement il n'est pas sage longtemps ; car il a la folie de dénaturer et d'altérer la doctrine de saint Cyprien pour lui attribuer un sentiment qu'il n'eût jamais , en lui faisant dire que le peuple ne se trouvoit , dans les élections , que pour y rendre témoignage à ceux qu'on proposoit , et non pas pour y donner sa voix et son suffrage.

S'il y a jamais eu un commentaire absurde et ridicule , on peut dire que c'est celui-là ; car s'il y a dans le monde une vérité évidente , c'est que saint Cyprien a toujours soutenu , dans une infinité d'endroits de ses ouvrages , que

le peuple avoit le droit de voter et de donner
son suffrage dans les élections, et qu'il y avoit
une plus grande influence que le clergé : voici
la preuve de cette assertion. Saint Cyprien
parle-t-il de son élection pour en prouver la
validité ? sa principale preuve, c'est que cette
élection avoit réuni tous les suffrages du
peuple, *populi universi suffragio*. Il ajoute, il
est vrai, que le clergé y avoit aussi concouru ;
mais pour exprimer ce concours, il ne se sert
que d'une expression bien plus foible que celle
dont il s'est servi en parlant du peuple, puisqu'il se borne à dire que le clergé n'a concouru à cette élection qu'en y donnant son consentement *postepiscoporum consensum*, épist. 55.

Le même Saint, voulant prouver la validité
de l'ordination du pape Corneille, qui étoit
contestée, se servit des mêmes raisons dont il
s'étoit servi pour prouver la sienne.

Comment, dit-il, pourroit-on ne pas reconnoître Corneille comme un véritable évêque,
puisque son élection a réuni le témoignage de
presque tout son clergé, et les suffrages du
peuple qui étoit présent. *De plebis quæ tunc
adfuit suffragio* épist. 52.

Mais, dit M. Dugué, dont nous ne faisons
qu'analyser ici l'excellente dissertation qu'il a

E 3

faire sur les élections, quelque forts, quelqu'é-
vidents que soient ces témoignages et ces
exemples, on peut les regarder comme foibles
en comparaison de ce qu'on lit dans l'épitre
soixante-huit.

Le peuple qui craint Dieu, continue saint
Cyprien, doit s'éloigner d'un mauvais pasteur
et ne point assister aux sacrifices qu'offre un
un pasteur sacrilège, parce que le peuple a
le droit de choisir, pour le sacerdoce, ceux
qu'il en croit dignes, et de rejetter ceux qu'il n'en
croit pas capables; et ce droit, c'est de Dieu
même qu'il l'a reçu : *quod et ipsum videmus
de divina auloritate descendere.*

Que répond l'anonyme à ce passage si formel
et si décisif, il fait tout ce qu'il peut pour l'embrouiller et mettre saint Cyprien en contradiction avec lui-même, « sans doute, dit-il, saint
Cyprien répond au peuple et au clergé d'Es-
pagne, qu'ils peuvent choisir de bons évêques
et en refuser de mauvais, et vous triomphez
de ce passage isolé ; mais que ne nous don-
niez-vous la suite ? saint Cyprien s'explique
aussi-tôt, en ajoutant que ce choix du peuple
consiste en ce que l'évêque est élu en sa présence, *plebe præsente* (donc ce n'est pas par lui)
afin qu'il puisse rendre témoignage au mérite

du proposé, ou relever son indignité ; *c'est en sa présence et non par lui, d'après son témoignage et non sa voix*, qu'il est élu, etc. Vous voyez mon très-cher anonyme, que je ne cherche point à affoiblir vos objections, ni à tronquer votre texte, j'aime à vous montrer tout entier tel que vous êtes ; je ne sais pas si vous y gagnerez beaucoup.

Ainsi, le résultat du beau raisonnement que vous venez de faire ; c'est que saint Cyprien, après avoir dit bien positivement que *le peuple peut choisir de bons évêques et en refuser de mauvais*, saint Cyprien réduit ce pouvoir à être présent aux élections, pour *rendre témoignage au mérite du proposé*, ou *relever son indignité*, et non pas pour donner *sa voix*.

Voilà ce que vous faites dire à saint Cyprien ; mais exprimez vous bien sa manière de penser, et votre commentaire est-il exáct et fidèle ? Je n'en crois rien ; s'il l'étoit, il faudroit dire, que saint Cyprien est tombé dans la plus grande des contradictions, ce qu'on ne peut, ni supposer, ni croire, parce que tout ceux qui ont lu attentivement les écrits de ce grand homme savent, que c'étoit un bon esprit, que ses idées étoient toujours justes et jamais incohérentes ;

E 4

jamais en contradiction les unes avec les autres.

Au lieu que si on adoptoit le commentaire et l'analyse que l'anonyme vient de nous donner, de la doctrine du célèbre évêque de Carthage, il faudroit le regarder comme l'écrivain le plus absurde et le plus inconséquent qui ait paru jusqu'à présent.

Et en effet, n'est-ce pas le comble de l'absurdité dans saint Cyprien, s'il a dit, comme on le suppose, que le peuple a de droit divin le pouvoir de choisir ses pasteurs et ses ministres, mais qu'il n'appartient qu'aux évêques de les élire; que le peuple a le droit de choisir ses ministres, mais qu'il ne peut donner, ni sa voix, ni son suffrage; enfin que le peuple a le droit de choisir ses ministres, mais qu'il ne peut se trouver aux élections que pour applaudir ou improuver les sujets qui auront été élus par le clergé.

A-t-on jamais vu un pareil galimatias, et des contradictions si révoltantes ? Mais heureusement elles ne se trouvent que dans la tête mal organisée et dans l'insipide brochure de mon adversaire, et nullement dans saint Cyprien; ce saint évêque, toujours ferme, toujours conséquent dans ses principes et ses raisonnemens;

enseigne constamment qu'il n'y a de bonnes
élections que celles qui sont faites par la voix
unanime et les suffrages du 'peuple ; *populi
universi suffragio.* Que le peuple à le droit
de rejetter ceux qu'il regarde comme indignes
du ministère , et d'élire ceux qu'il en croit capables *quando (plebs) ipsa maximè habeat po ·
testatem , vel eligendi dignos sacerdotes , vel
indignos recusandi.*

Je demande ici à mon adversaire et à tous
ses adhérens , de quelles expressions saint Cyprien auroit dû se servir , pour qu'il fut constant qu'il soutenoit le sentiment que je lui attribue ; cherchez et examinez tant qu'il vous
plaira , et si vous êtes de bonne foi , vous serez obligé de convenir qu'il ne pouvoit pas se
servir d'expressions plus fortes et plus énergi-
ques que celles dont il s'est servi pour prouver
le droit du peuple dans les élections ; le droit
qu'il a d'y voter et d'y avoir l'influence la
plus efficace.

· Que diroit-on d'un homme qui viendroit nous
dire que nos électeurs de département , n'ont
pas le droit d'élire les ministres de la religion ?

On diroit avec raison , que cet homme est
un fou. Et pourquoi ? parce que des électeurs
qui ont le droit de se trouver dans une as-

semblée pour y voter, en donnant leurs voix
et leurs suffrages , ont certainement *le pou-*
voir d'élire : et pourquoi donc contestez vous,
M. l'anonyme , ce droit et ce pouvoir au peuple
du temps de saint Cyprien , puisque ce peuple
avoit le droit de donner sa voix et son suffrage dans les assemblées , convoqnées pour
donner des pasteurs à l'église ?

Ce droit n'est pas seulement établi par l'autorité de saint Cyprien , il l'est encore par la
pratique de l'église et par tous les canons des
conciles , je ne répèterai point ici ces autorités , parce que cette répétition ne serviroit
qu'à ennuyer le public ; je me bornerai donc
ici à prier mon lecteur de méditer les canons
et les exemples que j'ai cités dans l'apologie
des décrets , et l'on verra qu'il n'y a qu'un
esprit de vertige qui puisse contester le droit
et la très-grande influence du peuple dans les
élections ; on verra ce qu'il faut penser de l'assertion du censeur , lorsqu'il a dit que les
exemples d'élections que j'ai cités , déposent
contre moi, parce que le peuple faisoit violence aux évêques. Mais rien de plus faux, car
rien de plus paisible que toutes ces élections
si vous en exceptez une seule ; quelle violence
y a-t-il eu dans l'élection d'Alexandre le Char-

bonier, et dans celle de saint Martin ? Il est
vrai que quelques évêques, qui méprisoient ce
saint, furent baffoués par le peuple, mais ne
le méritoient-ils pas un peu ?

Mon anonyme, page 39, soutient que l'é-
lection n'a jamais eu lieu pour les cures ; il
dit qu'il a sommé M. Camus de citer un usage
et une loi qui parle de nomination aux cures,
mais que son interpellation est demeurée sans
réponse.

Je ne suis pas surpris que M. Camus n'ait
pas répondu à une semblable interpellation ;
il connoît trop le prix du temps, et il aime
trop à le consacrer au service de la nation, pour
s'amuser à répondre à toutes les questions puériles qu'un mauvais critique s'avise de lui faire.

Comme je n'ai pas des occupations si impor-
tantes, et que je suis en train de répondre ; je
vais tâcher d'éclaircir encore cette difficulté,
qui certainement ne valoit pas la peine d'être
proposée.

10. Quand il seroit vrai que le peuple, dans
les beaux jours de l'église, ne nommoit jamais
aux cures, que peut-on conclure delà ? s'ensuivroit-il qu'on a mal fait de lui accorder aujourd'hui ce droit ? il a eu pendant près de
12 cents ans le droit de nommer ses évêques ;

pourquoi n'auroit-il pas celui de nommer ses
curés ?

20. Il est faux que le peuple n'ait jamais nommé ses curés. Et voici comment je le prouve.

Il est certain que la circonscription et la
distinction des paroisses sont postérieures de
plusieurs siècles à l'établissement de la religion;
il est certain encore qu'avant cette division de
paroisses chaque église diocésaine étoit composée
de plusieurs prêtres, qui étoient les collégues et
les coopérateurs de l'évêque dans les fonctions
du ministère.

Or, voilà en quoi consiste essentiellement
le caractère de curé, il n'est pas nécessaire pour
l'être, d'être attaché à un territoire et à un
troupeau particulier, il suffit d'être attaché à
un évêque et d'exercer sous son inspection l'administration des sacremens et le ministère de
la parole.

Des prêtres, dit le savant Maultrot, qui rem-
plissent les fonctions ecclésiastiques, qui veillent
sur la conduite des ames, qui prêchent la parole de Dieu, sont de véritables curés; il est
donc *exactement vrai, qu'il y a eu des curés
dès la naissance de l'église.* Inst. des curés,
tom. 1 p. 289.

Si donc le peuple a toujours concouru à l'é-

lection des prêtres, il s'ensuit qu'il a toujours concouru à l'élection des curés ; or, tous les savans
conviennent que dans l'antiquité on ne pouvoit
devenir prêtre sans avoir le consentement et le
suffrage du peuple.

Ce n'étoit pas le particulier, dit Fleury, qui
se présentoit pour demander l'ordination.... c'é-
toit le peuple qui demandoit l'ordination de celui
dont il connoissoit le mérite, ou l'évêque qui le
choisissoit du consentement du peuple. 2 discours p. 50.

Après avoir discuté savamment, comme on
vient de le voir, les monumens de l'antiquité
sur les élections, l'anonyme examine le mode
d'élection décrété par l'assemblée. Mais à quoi
bon cet examen? ne suis-je pas convenu qu'il
y avoit des taches dans la constitution civile du
clergé, mais s'ensuit-il qu'il faut la rejetter ;
si ce raisonnement étoit concluant, il faudroit
donc rejetter toutes les lois, soit ecclésiastiques, soit civiles, parce qu'il n'y en a aucune
qui n'ait ses défauts et ses imperfections ; il
suffit donc pour recevoir la constitution civile
du clergé qu'elle soit bonne dans tout ce qu'il
y a d'essentiel; il suffit qu'elle soit infiniment
préférable à l'ancienne. Si mon adversaire nie
cette dernière proposition, il doit être atteint

et convaincu de la plus grande démence qui fut jamais.

Enfin l'anonyme finit sa diatribe par me faire un grand sermon où il me lave fortement la tête pour avoir dit qu'un comédien peut être regardé comme citoyen, et que Molière, honnête-homme, valoit mieux qu'un Cardinal vicieux et dépravé, tel qu'étoit le fameux Dubois : vous avez beau me prêcher là-dessus, M. le censeur, je ne changerai jamais de sentiment, parce que je crois que c'est celui de tous les honnêtes-gens.

Je ne trouve pas mauvais que les tartuffes et les caffarts pensent différemment; il est naturel qu'ils haissent Molière puisqu'il les a si bien joués. Je suis Monsieur, l'anonyme, avec tous les sentimens que vous méritez, etc.

A Montmorency, ce, etc.

Addition pour la page 11.

J'ai oublié de répondre à une grande difficulté qui concerne la métropole de Tyanes ; la voici cette difficulté : mon subtil censeur observe qu'il y a des savans qui pensent que cette nouvelle métropole ne fût jamais bien affermie ; ils en donnent pour preuve qu'un concile général de Cp., tenu en 381, la Cappadoce est encore comptée comme une seule province. p. 26.

Je ne sais pas quel est le savant, ou plutôt le visionnaire, qui a fait une pareille difficulté, tout ce que je sais, c'est que si mon critique avoit fait usage de son bon-sens, il n'auroit eu aucun égard à cette observation qui est digne du plus grand mépris.

Et en effet, si quelqu'un, en faisant le catalogue des évêques de Normandie, ne distinguoit point les deux parties qui divisent cette province, s'il se contentoit de dire qu'il y a un évêque à Rouen, à Bayeux, à Coutances, etc ; pourroit-on en conclure que cet écrivain ne reconnoîtroit point l'ancienne division de haute et basse Normandie. Par conséquent de ce que dans le catalogue des évêques qui se sont trouvés au concile de Cp., tenu, onze ou douze ans après la mort de saint Basile, on ne distingue point la première et la seconde Cappadoce; on ne peut pas sérieusement en conclure que cette province n'avoit pas été divisée en deux parties sous l'empereur Valens.

Comme cette division étoit très-récente dans le temps que fût tenu le concile de Cp., le peuple n'avoit pas encore pu prendre l'habitude dans le langage usuel et ordinaire, de distinguer les deux parties de cette province; il continuoit donc toujours de dire, comme auparavant, que telle et telle ville étoient dans la Cappadoce, sans ajouter dans quelle partie. Si cette observation est juste et raisonnable, lors même qu'il s'agit d'ouvrages qui demandent les plus grandes explications et les plus grands développemens, elle le devient bien davantage lorsqu'il s'agit d'un simple catalogue, qui n'est ordinairement qu'une nomenclature fort laconique où l'on ne se permet aucun détail.

Ce n'est donc ici qu'une simple omission qui ne prouve rien et qui ne peut balancer les preuves claires et positives qui font voir que depuis Valens il y a toujours eu dans la seconde Cappadoce à Tyanes une métropole ecclésiastique.

Enfin

Enfin s'il étoit permis de raisonner d'après
les omissions qui se trouvent dans le catalogue
dont il s'agit ici, on pourroit donc conclure
que la ville de Césarée, dans le temps du concile de Cp., n'étoit point métropole puisque
quand il est question de l'évêque de cette ville
on l'appelle simplement évêque de Césarée,
sans lui donner la qualité de métropolitain ,
pas plus qu'aux autres évêques de la Cappadoce,
dont les noms se trouvent dans ce catalogue ;
voyez la collection des conciles, par les PP.
Labbe. tom. 2 p. 956 , Hardouin, tom. 3
p. 363.

Mais, dit mon censeur, le père Lequien,
dans son *oriens christianus* prétend qu'Antime
se reconnût dans la suite client de l'église de
Césarée. Cela est vrai; mais comme ce père
Lequien ne donne aucune preuve de cette assertion, il s'ensuit qu'il faut l'abandonner sur cet
article et ne le citer que lorsqu'il s'accorde avec
les monumens de l'histoire et les meilleurs écrivains. Ce père Lequien étoit un de ces faiseurs
d'*in folio* qu'il ne faut pas toujours croire sur
parole, parce qu'ils ont plus d'érudition que
de critique, plus de mémoire que de jugement
et qu'ils se servent plus souvent de leurs mains
que de leurs têtes.

F

Addition pour la page 74.

L'ANONYME soutient avec la plus grande confiance que j'ai tronqué les passages de saint-Cyprien pour lui faire dire ce qu'il ne dit pas.

Je pourrois mépriser cette sorte d'inculpation parce que d'après tout ce que je viens de dire, mon adversaire est plus habile dans l'art de calomnier, que dans celui de raisonner et de prouver ses assertions.

Cependant, comme il y a un grand nombre de lecteurs qui ne vérifient point les citations, qui ne lisent que pour s'amuser, qui croyent aveuglément le premier aventurier qui parle ou qui écrit conformément à leurs préjugés, j'ai cru qu'il étoit à propos, pour détromper, s'il est possible, ces sortes de lecteurs, de mettre sous leurs yeux le passage tout entier de la lett. 67, (édit de Dodwel,) que j'ai cité d'une manière trop laconique. Mais on va voir qu'en le citant tout entier, mon adversaire n'y trouvera pas certainement son compte.

« Quando quidem ipsa (Plebs) maxime habeat potestatem vel eligendi dignos sacerdotes vel indignos recusandi quod et ipsum videmus de

divinâ autoritate , descenderé ut sacerdos plebe
præsénte sub omnium oculis deligatur et di-
gnùs atque idoncus publico judicio ac testimo-
nio comprobetur .... quod secundum divina
magisteria observatur in actis apostolorum
quando de ordinando in locum judæ apostolo
petrus ad plébem loquitur , nec hoc in epis-
coporum tantum et sacerdotum sed in diacono-
rum ordinationibus observassé apostolos animad-
vertimus. »

Voilà certainement un texte assez étendu et
plus que suffisant pour nous faire voir quel
étoit le sentiment de saint Cyprien, sur les
droits du peuple en matière d'élections.

Que pensoit donc saint .Cyprien sur cette
matière ? bornoit-il le droit du peuple a donner son témoignage en aprouvant ou improu-
vant l'élection qui n'étoit faite que par le clergé?
c'est la thèse que soutient mon adversaire.

Saint Cyprien pensoit-il au contraire que le
peuple avoit le droit de donner sa voix et son
fuffrage? c'est le sentiment qui me paroit le
plus vrai, c'est le sentiment qu'on doit suivre ,
sans quoi , il ne sera jamais possible de concilier saint Cyprien avec lui même. Et en effet ,
1°. si saint Cyprien avoit réellement pénsé ,
comme le prétend mon adversaire , que le peu-

ple n'a dans les élections que la voix consultative, comment a-t-il pu se servir d'expressions qui signifient tout le contraire ? est-ce que
saint Cyprien ne savoit pas sa langue ? dans
toutes les langues du monde, on distingue avec
le plus grand soin, la voix qui n'est que consultative d'avec celle qui est véritablement dé-
libérative, celle qui consiste à voter et à donner
son suffrage dans une assemblée.

Tous les paroissiens qui veulent se trouver
aujourd'hui à l'élection de leur curé peuvent
s'y trouver, il est d'usage même qu'ils soient
consultés pas les électeurs sur le sujet qu'ils
desirent; dira-t-on pour cela que tous les habitans d'une paroisse ont droit d'élire leurs pasteurs et de voter dans les assemblées électora-
les ? par conséquent puisque saint Cyprien
s'est servi de ces expressions pour exprimer l'influence que le peuple avoit lorsqu'il s'agissoit
d'élire un pasteur ou un évêque, c'est une
preuve décisive que dans ces assemblées il
avoit quelque chose de plus que la voix consultative.

2°. Si saint Cyprien avoit pensé que le peuple n'avoit que la voix consultative, comment
auroit-il cité comme preuves des exemples d'é-
lection où les fidèles ont eu évidemment le

droit de voter et de donner leurs suffrages. Telles furent les élections dont il est parlé dans l'écriture, telles furent les élections de saint Mathias et des premiers diacres. Consultez les actes des apôtres, lisez-les attentivement, et voyez s'ils s'accordent bien favec le commentaire que nous en donne le savant anonyme.

3°. Je sais bien que Fleury et le père Thomassin ont cru que saint Cyprien ne donnoit au peuple que la voix consultative ; mais ils se sont trompés comme le prouve très-bien l'abbé Dugué qui a traité cette matière *ex pro fesso*, et qui mérite d'être lu. On peut lire encore le savant Blondel. *Apologia sancti Hier.*

Ajoutez que Fleury et Thomassin se contredisent un peu. En effet, le savant historien, après avoir dit que le droit d'élire n'appartenoit qu'aux évêques, convient cependant qu'on avoit tant d'égard à la volonté du peuple, que lorsqu'une élection étoit faite, et qu'elle ne lui étoit point agréable, on en faisoit une autre. Pareillement, le père Thomassin, tout en disant que le droit d'élire appartenoit au clergé finit par avouer que le peuple ratifioit les élections et qu'il en étoit, pour ainsi dire, le maître. discip. ecclés. tom. 2 p. 675.

4°. Qu'oppose mon subtil adversaire, à tout

res ces raisons ? le voici. Saint Cyprien s'explique en ajoutant que ce choix du peuple consiste en
ce que l'évêque est élu en sa présence. *Præsente*
plebe. Donc ce n'est pas par lui, etc. p. 40.

Pour que ce raisonnement fut juste, il faudroit que saint Cyprien se fût borné à dire
que le peuple n'avoit dans les assemblées, que
le droit de s'y trouver pour improuver ou
applaudir, en rendant témoignage des mœurs
de celui qu'on vouloit élire.

Mais est-ce ainsi qu'il s'exprime? ne dit il pas de
la manière la plus formelle, que le peuple avoit le
droit de se trouver dans ces assemblées, pour y
donner son suffrage et pour élire ceux qui lui paroissoient dignes du ministère *quando ipsa plebs*
maxime habeat potestatem vel eligendi dignos
sacerdotes vel indignos recusandi. Rien, dit
l'abbé Dugué, rien n'est plus évident et moins
capable d'être obscurci par les subtilités que
ces paroles de ce père.

De l'Imprimerie de FROULLÉ, quai des augustins.

Lightning Source UK Ltd.
Milton Keynes UK
UKHW010012301218
334537UK00013B/1916/P